いま読む！名著

レヴィ＝ストロース『野生の思考』を読み直す

出口 顯
Akira DEGUCHI

国際養子たちの彷徨うアイデンティティ

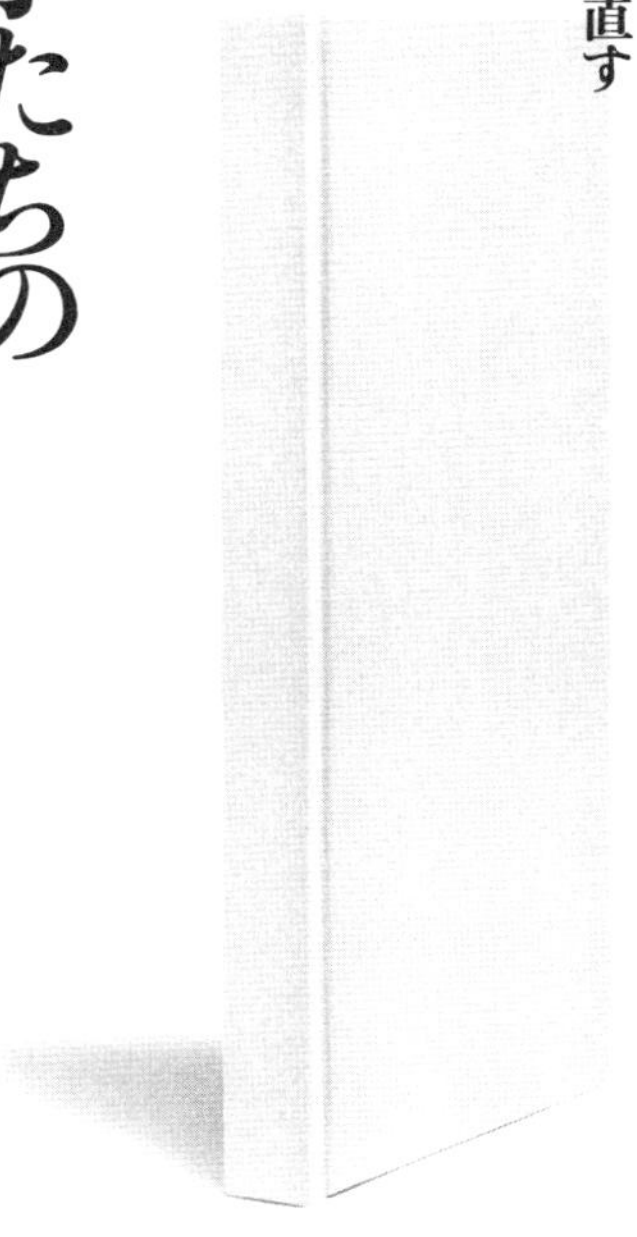

現代書館

いま読む！名著

国際養子たちの彷徨うアイデンティティ

レヴィ＝ストロース『野生の思考』を読み直す

✲

目次

序章

『野生の思考』の二つの道

『野生の思考』は歴史的事件であった。二〇世紀後半の思想史において忘れてはならないのが、構造主義であり、その代表的存在が、フランスの人類学者クロード・レヴィ＝ストロース（一九〇八〜二〇〇九）である。

本書はレヴィ＝ストロースの主著の一つと目される『野生の思考』に言及するものだが、その内容を逐一追って解説しようとするものではない。『野生の思考』が扱う主題やその意義については、既に渡辺公三氏や小田亮氏の優れた著作もあり、屋上屋を架すことはしたくない。[*1] 何よりもそれは私の手に余るものだ。私にはそもそも『野生の思考』が、レヴィ＝ストロースの膨大な別の主著『神話論理』ほど、体系的に理解できたという自信がない。

それよりも、原著の刊行から五〇年近く経ち、人類学の内外において言及されることの少なくなったレヴィ＝ストロースの思想とその研究が、今なお現代のグローバルな問題を考える上で、有効な一つの視座を提供してくれることを、『野生の思考』を手がかりに、時にそこから飛躍して、考えてみようというのが本書である。

しかしまず、レヴィ＝ストロースの研究の軌跡において『野生の思考』が占める位置を確認し、さらに『野生の思考』の立ち位置と本の構成との関係を検討する。またなぜ『野生の思考』が私には理解できたという気になれないのかも考えてみたい。

1　親族・分類と神話

『野生の思考』の位置づけ

ジャーナリストのディディエ・エリボンとの対談『遠近の回想』で、レヴィ＝ストロースは一九六二年に出版した『今日のトーテミスム』と『野生の思考』を、後の主著であり大著である『神話論理』のプレリュードと位置づけている。[*2] コレージュ・ドゥ・フランスの教授に選任される以前の一九五〇年に、高等研究院第五部門の教授にレヴィ＝ストロースは就任した。第五部門は宗教科学が専門であり、それまで親族体系や婚姻規則の研究を行っていたレヴィ＝ストロースは、第五部門教授という立場上、新たな研究テーマに取り組まなければならなかった。それが「宗教表象に関わる研究」つまり、神話や儀礼の分析であった。そこではじめられた研究はコレージュ・ドゥ・フランスに移ってからも続けられ、その結実が『神話論理』だった。

南北両アメリカ大陸の神話を分析した『神話論理』第一巻の『生のものと火を通したもの』は、一九六四年に出版された。その刊行年に近い一九六二年の『今日のトーテミスム』『野生の思考』二冊は、確かにプレリュードと言えないこともない。しかし神話分析の方法の確認、神話を語り伝える人たちの思考様式や民族誌的背景などだけがこの二冊の主題ではない。

高等研究院教授に着任する前の一九四九年にレヴィ＝ストロースは、インセスト・タブー（近親婚の禁止）に関する考察から論を起こした主著の一つ『親族の基本構造』を出版している。『今日のトーテミスム』『野生の思考』はその内容において、親族研究から神話研究への移行を示すものであり、二つの研究の間のつなぎともいえる。

しかし、一九六二年に刊行した二冊のうち、その最終章で当時の思想界の一大スターだったサルトルを批判した『野生の思考』は、フランス思想界に構造主義ブームを巻き起こすものとなり、当時もそして『神話論理』完結後もレヴィ＝ストロースの思想的立場を示すマニフェストのような代表作と一般にはみなされてきている。[*3] 生誕百歳を記念して出版されたプレイヤード叢書（この叢書に収録されればフランスで偉大な著述家と認められたことを意味する）の著作集にも『野生の思考』は収録されている。[*4]

しかしつなぎというのであれば、むしろ同じプレイヤード叢書に収められている『今日のトーテミスム』の方がふさわしいようにも思える。『野生の思考』よりコンパクトなこの書の第二章「オーストラリア人の唯名論」では、『親族の基本構造』ではじめて提示され、数学の苦手な読者を大いに悩ませたカリエラ型とアランダ型の婚姻規則モデルが再登場し、トーテミズムとの関係の有無が論じられている一方、[*5] 北アメリカ五大湖地方の先住民オジブワのトーテム氏族の起源神話も紹介される。[*6] この神話とそれに続く太平洋のティコピア島の神話は、『神話論理』の第一巻『生のものと火を通したもの』で再度取り上げられている。大洋から出現した六身の超自然的存在のうちの一人が、そのまなざしでインディアンを死なせてしまったために海の底に帰され、残り五人が魚・

鶴・アビ鳥・熊・大鹿（あるいはテン）という五氏族の起源となった。一人を排除して差異のある不連続をつくりだすことが文化の根底にあるという思想が、『生のものと火を通したもの』の中でしかるべき場所を与えられているのである。*7 だからこのような『今日のトーテミスム』の方が、つなぎと呼ぶにしかるべきであるかにみえる。

とはいえ、『野生の思考』もやはり、前奏曲であり、つなぎの書である。全四巻（日本語訳では五分冊）からなる『神話論理』やその後の『小神話論理』三部作（『仮面の道』『やきもち焼きの土器作り』『オオヤマネコの物語』）と格闘したあとに『野生の思考』を繙くと、物足りなさやもどかしさを感じ、中途半端な著作という印象を受ける。それは民族誌的記述と理論のアンバランスにも一因がある。民族誌が長々と引用されるものの、それをどう理解すべきか本文中にあまり説明がない、あるいは逆に民族誌の事例の記述が十分でないまま分析が先に進むことがよくあるからだ。

さらには感覚の論理、分類体系としてのトーテムやカースト、固有名詞、供儀、サルトル批判などさまざまな主題が論じられながらも、それらをつなぐ思考の一本の道筋が読者にはつかみにくいということもあるだろう。多彩なテーマが羅列されているという印象を与えるのだ。これは『野生の思考』に限った特徴ではないともいえる。『神話論理』のとりわけ後半の二巻で神話の原典の照会のみがあって、神話の概要がないときなど、コレージュ・ドゥ・フランスの講義に列席した聴衆には詳しい説明がされて便宜が図られたのかもしれないと、やっかみを覚えたことがあるが、途方に暮れるという体験は『野生の思考』において、より強烈に感じられる。理解できた実感が得られないのは故なしとしない。

しかし『野生の思考』の叙述が来るべき書物のための助走の試みであったのならば、少しは得心がいく。

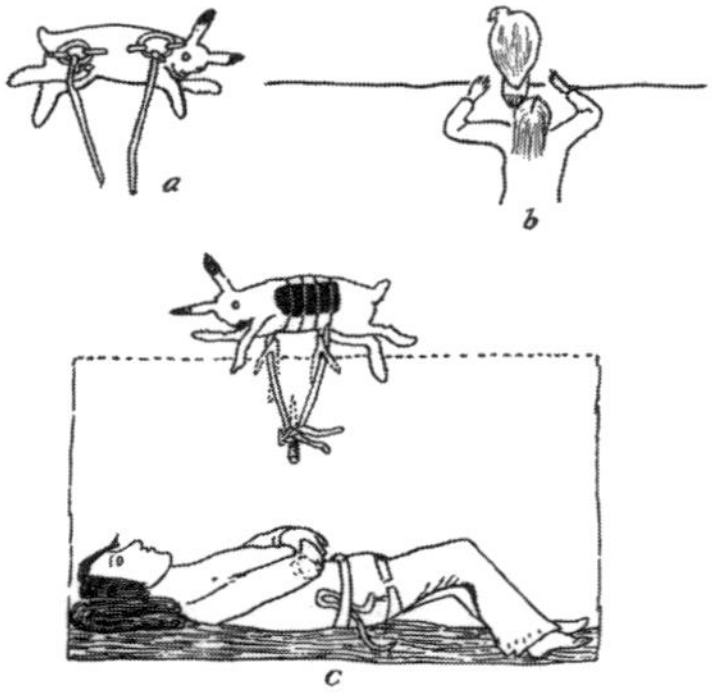

図1 北アメリカ先住民ヒダツァの鷲狩り

例えば、餌として血塗れの動物の肉を地面に置きその下に穴を掘って猟師が身を隠し、餌につられて天空から降りてきた鷲を素手で猟師が捕まえるという、北アメリカ先住民ヒダツァの鷲狩り[*8]［図1］の分析が、『野生の思考』にある。天上の獲物対地下の猟人という二項対立と、その両者の間の大きな隔たりを血にまみれた餌が媒介するという解釈は、「神話の構造」や、初期の神話分析の成功例と目される『アスディワル武勲詩』での分析手法の確認と、『神話論理』での構造分析の予行演習であると読むことができる。[*9] 二項対立と媒介者の抽出は、神話の構造分析に特徴的なものだからである。また人と神との間にはしごをかけるものが供儀だという主張は、不連続なカテゴリーの間を埋めようとするのが儀礼であるという『神話論理』最終巻『裸の人』の「終曲」の考察につながるものである。

「体系化」でなく「休止」

しかし『野生の思考』は親族研究ともつながっている。『今日のトーテミスム』を承けトーテム種が集団名称になることから展開していく人々の範疇化や、個人名ならびに関係名称の考察は、『親族の基本構造』から展開してきたものと言える。

ポール・リクールらとの座談会でレヴィ＝ストロースは、『野生の思考』がリクールの言うような「最終的な体系化」などではなく、もっと重要な本の序文であるとともに休止の時間であったと語っている。[*10] しかし何と何の間の休止なのかと自問したレヴィ＝ストロースは、「任意的なものを一つの秩序に服させ、自由の幻影に内在する必然性を発見しようとする試み」という事業の二つの段階の間だと答えている。[*11] 第一段階が婚姻規則の分析、第二段階が神話分析である。ランダムで恣意的に見える配偶者選択や荒唐無稽な物語である神話にも、規則性があること、つまり何かに拘束されていることを明らかにするのがレヴィ＝ストロースの事業である。その第一段階の成果である『親族の基本構造』、第二段階としてこれからてがけようとする『神話論理』の間にあって、『野生の思考』は、二つの主題双方、さらには『野生の思考』の序文であるという『今日のトーテミスム』の主題に関わるトピックが、深く体系的に掘り下げられているというよりちりばめられているかのような印象を与えるのである。

神話や親族名称が『野生の思考』のすべてではないのはもちろんだが、それでも「親族の方へ」と「神話の方へ」が『野生の思考』の二つの方向性であるといえるだろう。ちょうどレヴィ＝ストロースが愛読するマルセル・プルーストの『失われた時を求めて』が、「スワン家の方へ」と「ゲルマント家の方へ」という二つの大きな方向をもつように。だとしたら、『失われた時を求めて』

の最終巻『見出された時』において、それまで話者の家から全く正反対にあると思われていたスワン家とゲルマント家が一つの道でつながり、スワン家の娘ジルベルトとゲルマントの家系に属するロベール・サン＝ルーが結婚して両家が一つになるように、親族と神話も、『見出された時』にちなんだ章題をもつ『野生の思考』第八章「再び見出された時」で一つにつながると言えるだろうか。

2　二つの道の出会い

「標識づけ」という神話の役割

第八章「再び見出された時」で親族と神話という二つの方向が一つになるのは、氏族呼称の起源神話においてである。第八章までにも氏族呼称の起源神話への言及はあったのだが、『野生の思考』を貫く別の主題、つまり構造と出来事、感覚的なものと論理的なものが親族と神話の邂逅において出会いを果たすのは第八章である。

氏族呼称神話は、その単純さが世界中どこでも似かよっていて、余談に見えて隠れた意味を豊かに含んでいる脇道の話が全くないために簡素だとレヴィ＝ストロースは言う[*12]。そのため物語は「肝腎の大枠だけに限られていて、分析する者にとっては意外性の潜んでいることがまったくない[*13]」つまり、『神話論理』やそれ以前の『アスディワル武勲詩』での構造分析の対象になる物語ではないということである。そしてこの簡潔さにつながるさらなる重要な点は、ある氏族はなぜそう呼ばれるに至ったか、その原因を神話が説明するかにみえて、実はほとんど何も付け加えていないということである。例えば以下のような神話をみてみよう。

ホピ族の野生カラシ（クジラグサ）の氏族は、野生カラシ以外にオーク、ミチバシリ（野鶏）、戦士という名も持っている。それは神話に登場する祖先が移住の途中で泣いている子どもに出会ったので、道すがら摘んだカラシの葉と切ったオークの枝を与えて泣き止ませ、その後ミチバシリと戦士に出会ったことによる。穴熊と蝶の氏族の場合、祖先が知り合った穴熊人間を連れてきて、そのあとで蝶を捕まえ子どもの気晴らしにしたからである。子どもは病気になったので、穴熊が薬草で子どもを治してやったという。*14

野生カラシの祖先はなぜミチバシリに、ついで戦士に会ったのか、なぜ別の氏族の祖先は子どもをなぐさめるのに蝶を使ったのか、なぜある氏族の祖先が旅の途中でかくかくしかじかの出来事や者（物）に遭遇したのかを神話がさらに語るわけではない。ある氏族がかくかくしかじかの名前を持っているから、祖先の移動の物語でかくかくしかじかの物と遭遇させた、そういう物語を語ることにしただけなのである。遭遇したもの、つまり接触したものが氏族の呼称にそのまま採用される。氏族とその名祖との関係は隣接的（換喩的）であるにとどまる。構造分析で見出されるような、離れた物同士にある共通の属性つまり隠喩的関係がそこに付け加えられるというのでなく、呼称起源神話は何かを説明したというより同義反復的であり、余剰的なのである。

　この種の説明は、結局のところ初期状況をほとんど変えずに提示しているだけなのだから。*15

　ではこの神話の役割は何なのか。それは原因論であるというよりも標識づけだとレヴィ＝ストロースは言う。ホピでは、神話は起源や原因を説明しているように見えて本当は説明していない。ある氏族の祖先が、その氏族の名前のもとになった動物（あるいはその一部）と出会ったので、その動物がその氏族の名前になったことを語る共通の枠組みが、どの氏族の呼称起源神話にも与えられていて、氏族ごとに出会う動物を変えるだけである。神話が行っているのは、ある些末事や動物種を（ある氏族にとって）特別なものとして「標識づけ」をすることなのである。例えば他の起源神話で神話上の祖先が出会う熊やネズミは、その名前を持つ氏族が別の種の名前を持つ他の氏族とは異なることを示す（標識づけ）という示差的価値を獲得する。他の種には氏族の起源が割り当てられないのに、熊やネズミには起源が割り当てられたということを強調するのが、神話の目的なのである。なぜ他の動物や些細な出来事ではなくこの動物やこの出来事が標識づけの対象として選ばれたのかを、神話は説明しない。ただ標識づけするのみである。

　しかし、ここに「歴史が構造の中にこっそりと、目立たない形、ほとんど否定的な形ではいり込んでくる」[*16]とレヴィ＝ストロースは言う。しかじかの種や些末事が自然の中から篩にかけられて選ばれ、氏族の祖先に出会ったという（他の種には与えられなかった）過去が賦与される。なぜある自然種ではなく別の自然種なのかは必然的ではない。氏族の祖先の旅という移動の出来事の系列と、ある場所にある動植物の種があったという存在の系列は全く別のものであり、その間に因果論的連鎖があるわけではない。出会いは両系列の「偶然」の交叉による。つまり偶然の相貌のもとに「歴史」（かくかくしかじかの出来事が起こったということ）が介入してくる。

熊やネズミは氏族を差異化するマーカー（標識）としてたまたま祖先と出会った。そこに因果論的必然性、あるいは全く異なる存在者だが共通の属性をもつから引き付け合ったという、隠喩論的象徴的な理由などない。なぜこれではなくあれなのかについての、字義的もしくは象徴的な説明は、ない。そこにあるのは純粋な偶然性である。レヴィ＝ストロースはそれを「歴史」と呼ぶのである。氏族呼称の起源神話は、二項対立や媒介、変形という「神話の方法」の組み合わせによって「隠された意味を豊かに」含む道を歩もうとするというより、この偶然性をそのまま保存しているのである。[*17]

「冷たい社会」と「熱い社会」

純粋偶然性を紛れ込ませる氏族呼称神話を梃子にして、レヴィ＝ストロースは、トーテミズムという分類体系と歴史、あるいは構造と出来事との関係について論じていく。そこでの圧巻は、歴史

（過去）に文字通り「触れる」（出来事を感覚する）というチューリンガと古文書をめぐる考察だろう。しかしいきなりチューリンガを取り上げる前に、構造と出来事の関係についてのレヴィ＝ストロースの論の流れを押さえておこう。

トーテミズムは動植物などの自然種同士の違いを人間集団相互の違いに対応させ、分類する体系である。例えば亀と鷲と熊の間の差異は、氏族集団A、B、Cの間の差異に類似していることから、A、B、Cはそれぞれ亀の氏族、鷲の氏族、熊の氏族と呼ばれ分類され、それぞれは亀、鷲、熊をトーテム（守護動物もしくは標識）とするのである。亀・鷲・熊の自然種の三分類は、水・空・陸の宇宙の三分類にも対応する。自然種観の差異が考察され人間の分類に用いられる。トーテミズムとは思考のレベルに位置づけられる分類体系であり、時間の経過や変動をとりあえず捨象した「共時態」の中に成立する。*18

しかしトーテミズムは「生きられる」体系でもある。それは現実の生活の中で変動に晒される。例えば先ほどの亀・鷲・熊の三氏族のうち、熊の氏族が絶滅する一方、亀の氏族が急激な人口増加で灰色亀の氏族と黄色亀の氏族の二つに分かれたとする。このとき人間集団の三分割は変わらないように見えるが、実は人口変動が空・陸・水の三分割構造を解体したと考えることもできる。しかし、そうではない。対立は変わらないままでも、解体されたのでもない。三項対立は、二つの二項対立（鷲／亀＝空／水という二項対立、そして色の明暗により黄色／灰色＝昼／夜という二項対立）からなる四項対立へと変形されたのである。人口変動が体系を爆破したのではなく、衝撃を吸収し、対立の組み合わせである構造は体系を立て直すことが可能なのである。[19]変動は体系によって説明される。

大変動がなくとも現在の活動は、トーテムとなった動物である祖先が始原のときに行った活動の反復・再現とみなされ、始原と現在の間は直に連繋される。トーテミズムでは理論上「歴史は体系に属して[20]」いる。歴史的要因が社会の安定と連続性に及ぼす影響をほとんど自動的に消去しようとする社会を「冷たい社会」、反対に歴史的生成を自己のうちに取り込んで発展の原動力にしようとする社会を「熱い社会」とレヴィ＝ストロースは呼んだ。[21]オーストラリア・アボリジニーや北アメリカ先住民のようにトーテミズムあるいはトーテム分類体系をもつ社会は「冷たい社会」の一例といえる。そこでは過去の不可逆的事件は、生成発展の一段階としてというよりも無時間的モデルにおいて捉えられる。北アメリカ北西部の先住民チェハリスにとって、彼らのもとに到来した白人は神話で語られる洪水で流された人たちである。同じように南アメリカの先住民バラサナでは、白人が語って聞かせた潜水艦も神話上の祖先がもたらしたものなのである。[22]

しかしここで急いで付け加えておかなくてはならないが、アボリジニーやアメリカ先住民などの「未開社会」が「冷たい社会」、欧米などの文明国が「熱い社会」に分類できるとレヴィ＝ストロースは言いたいのではない。過去に向き合う二つの態度様式が「熱い社会」「冷たい社会」であって、どの社会においても程度の差こそあれ、この二つの側面は見い出せるのである。

さてアボリジニー社会では、過去に起こった出来事を排除することなく現在に一気に連接する、つまり過去を現在にショートカットでつなげ過去を現在に呼び起こし、過去に触れることを可能にする装置が存在する。それがチューリンガである。

3 純粋歴史性

過去をよみがえらせるチューリンガ

チューリンガは木や石でつくられた楕円形の物体で、表面に同心円や同心円を結ぶ直線などが彫り込まれている。中には加工されていない木や石もあるが、ある一人の祖先の身体を表すといわれ、その祖先の生まれ変わりと考えられる生者に授けられるチューリンガは、岩陰に隠される。それを授かった者は、定期的に取り出しては手で触って様子を調べみて、磨きをかけたり油をひいて色を施したりする。チューリンガは、祖先と現存する子孫が同じ一つの肉体であることを手で触れる形で証拠づけるものと思われている*23［図2］。

アボリジニーのアランダ族によるチューリンガの取り扱い方は、ヨーロッパ人の古文書への態度と似ているとレヴィ＝ストロースは言う。

われわれは古文書を箱の奥深くしまい込んだり、公証人に托して誰にも見られないように保管してもらったりする。またときどき、神聖なものに対して必要な細心の配慮をしつつそれを調べ、必要があれば補修するし、上等な書類綴に移しかえたりもする。このようなとき、われわれも、破れたり黄ばんだページを見ると追憶が鮮かに蘇えり、好んで偉大な神話を朗誦することになる。それは先祖の事蹟であったり、建築もしくは最初の譲渡以来の家屋敷の歴史であったりする。[*24]

古文書の内容は今ではPDFで保存することもできる。だから記録内容が古文書本体を神聖で大切なものにしているのではない。また、出来事自体は取るに足りないものであってもよいのだ。例えば私は司馬遼太郎氏直筆の私宛の手紙を持っている。それは私の最初の著作への感想をしたためられたものである。当然コピーも保存しているし、その内容が司馬氏の未発表の書評の一つとして価値が見出されたら印刷されることもあり得るかもしれない。しかし私にとって、そして私以上に司馬遼太郎の作品のファンにとって、大切なのは直筆の便箋の方である。それは、一九九五年十一月という亡くなられる三ヶ月前に、この私に宛てて直にこの手紙を書かれたという出来事そのものに触れさせてくれるからである。この出来事そのものがレヴィ＝ストロースのいう「純粋歴史性」あるいは「根本的偶有性」である。[*25]

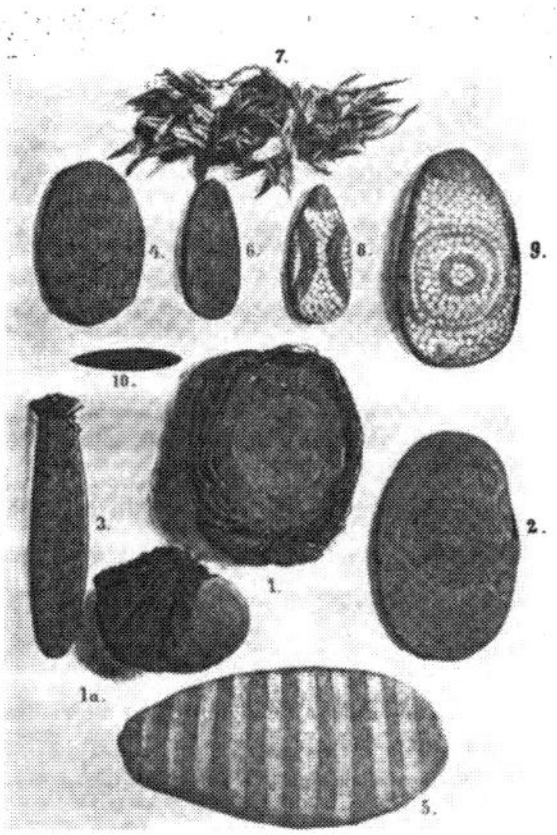

図2 アルンタの石のチューリンガ

司馬遼太郎氏直筆の手紙は、現在の中に一九九五年十一月という過去を出現させ、それに触れさせてくれる。二〇年の歳月を超え、二〇一五年と一九九五年を直接的回路で一息につなげるのである。司馬氏からの手紙は、はじめて自らの本を出版できたという思いとその時の秋の気配を蘇らせてくれる。そしてこれと同じことをチューリンガが生じさせるのである。

チューリンガは神話時代すなわちアルチュリンガの可触的証人である。チューリンガがなくても、アルチュリンガを考えることはできるだろうが、それを体で確かめることはもはや不可能である。*26

出来事の内容が政治的社会的に重要ではなくありふれたものでも、ある出来事が起きたのだということ、そのことに物質性を与え、過去を生き生きとしたものにして体験させるもの、それがチューリンガなのである。

チューリンガが取り込んでいる歴史

チューリンガは個人や集団ごとに異なる。チューリンガは、氏族呼称起源神話同様、氏族とそれに属する個人や祖先を、他の集団や個人・祖先から差異化し分類するのだが、純粋歴史を取り込んでいる。チューリンガにおいて、分類と歴史が出会うのだが、それは差異化と分類のもとになる知性の働き（論理的体系的思考）と物に触れるという感覚が一つに出会うことでもある。相反するものとして構造主義以前の思想において了解されてきた感覚と知性が一つに統合される。このことは、『野生の思考』の冒頭でも述べられていることであるが、ここで「再び見出された」のである。

純粋歴史の体験は触れるという感覚を介するが、過去を現在に出現させるのは、触覚だけではない。古文書の古びた紙特有のにおいをかぐことや黄ばんで変色した紙を見ることのように、嗅覚や視覚、さらにはプルーストの『失われた時を求めて』の『スワン家の方へ』で話者がマドレーヌを紅茶に浸して口にしたときのような味覚などの感覚も、現在と過去を一つにつなぐのに貢献するのである。

そして古文書がチューリンガに等しいのなら、過去を遠い彼方に追いやる一方の「熱い社会」に暮らしているかにみえる私たちの生活にも、アボリジニー同様「冷たい社会」の一面があるのであり、熱い／冷たいという対立は、社会集団の二類型ではなく、過去に向き合う態度の二類型なのだということがわかるのである。

われわれはしばしば最も疎遠な慣習のうちに、我々《ママ》自身の慣わしを認知します。われわれ自身の慣わしが単に他の界域に移されただけなのです。これらの慣習はわれわれを受け付けないかに思えていたのですが、にもかかわらず、生まの体験はそれらを突如として復元する、それもこれらの慣習の独特な味わいを伴うものとして、内面的な生きられたものとして復元するのです。こうした内密な経験は、プルーストにおいて無意識的記憶に記される経験［マドレーヌを口に入れた瞬間に過去がよみがえるという体験］と同じ秩序に属するもののように私には見えます[*27]。

以下、本書では、レヴィ＝ストロースが『野生の思考』を出版してから半世紀以上経つ現代社会の考察においても、『野生の思考』のさまざまなアイディアが有効であることを、「親族・分類」と「神話」という二つの道を歩きながら、述べてみたい。

まず第一部というべき第1章から第4章までは「親族・分類」の道を歩いていきたい。第1章では、『野生の思考』とその姉妹作ともいうべき『今日のトーテミスム』における最も重要なアイディアである分類としての「トーテミズム」に注目し、続く第2章、3章ではその概念を本書のテーマである国際養子縁組と重ね合わせて考察していく。第4章では国際養子縁組でしばしば論じられる出自を知る権利について、つまり「親族」の主題を論じる。

第二部というべき第5章では、「神話」の道を行く。レヴィ＝ストロースによるこの道は途方もなく広大なものだが、本書では特に主著『神話論理』の第三巻『食卓作法の起源』で提示された「駆け引きの神話」を取り上げ、それが、世界や自己の組み替えをもたらす手がかりを与えてくれることに注目していく。

そして第三部となる第6章と第7章では、再び国際養子縁組という「親族」の道に戻るが、ここでは「アイデンティティ」（第6章）と、『神話論理』以後にレヴィ＝ストロースが「親族・分類」の道で探求した「家」（第7章）という主題を、「駆け引き」の神話を踏まえて考えていくという行程をとっていく。

最後に終章で再びこの序章でとりあげた「歴史」の問題を、プルーストに言及しながら考える。

＊1　渡辺公三『レヴィ＝ストロース　構造』、『闘うレヴィ＝ストロース』、小田亮『構造人類学のフィールド』、『レヴィ＝ストロース入門』など参照。

＊2　クロード・レヴィ＝ストロース、ディディエ・エリボン、『遠近の回想　増補新版』、一三五ページ

＊3　『遠近の回想　増補新版』、二〇一ページ

＊4　Lévi-Strauss, Claude, 2008, *Claude Lévi-Strauss Oeuvres*, Gallimard

＊5　クロード・レヴィ＝ストロース、『今日のトーテミスム』、五八ページ以降。

＊6　『今日のトーテミスム』、三四ページ以降。

＊7　クロード・レヴィ＝ストロース、『生のものと火を通したもの』、七八－八〇ページ

＊8　図は、Wilson, G. L., 1928, Hidatsa Eagle Trapping, *Anthropological Papers of the American Museum of Natural History*, XXX, p.130より。

＊9　クロード・レヴィ＝ストロース、『野生の思考』、五九－六三ページ

＊10　クロード・レビ＝ストロース＋ポール・リクール＋ミケール・デュフレーヌ＋ジャン・キュゼニエ、「構造主義とは何か——レビ＝ストロースは答える」、『構造主義とは何か』、一六ページ

＊11　「構造主義とは何か」、一七ページ

＊12　『野生の思考』、二七四、二七六ページ

＊13　『野生の思考』、二七六ページ

＊14　『野生の思考』、二七五ページより要約。

＊15　『野生の思考』、二七六ページ

＊16　『野生の思考』、二七七ページ

＊17　このタイプの神話をかつてバロバレ型神話と呼んだことがある（出口顯『レヴィ＝ストロース斜め読み』、八一

一八九ページ)。

＊18 『野生の思考』、七九ページ

＊19 『野生の思考』、八〇―八一ページ

＊20 『野生の思考』、二七九ページ

＊21 『野生の思考』、二八〇ページ

＊22 出口顯、『神話論理の思想 レヴィ＝ストロースとその双子たち』、二九五―三〇四ページ

＊23 図は、Spencer, Baldwin, Gillen, F.J., 1899, *The Native Tribes of Central Australia*, Macmillanより。

＊24 『野生の思考』、二八六ページ

＊25 『野生の思考』、二九一ページ。私が本を出版したという出来事と司馬氏にそれを献本したことの間には、ある偶然の私事が介入している故に、必然性はなく、さらに献本と手紙の内容にも必然的つながりはない。

＊26 『野生の思考』、二九〇ページ

＊27 クロード・レヴィ＝ストロース、「一九六三―二〇〇三年、哲学に面した人類学」、『みすず』五二〇、二八―二九ページ。[ ]内は筆者補足。

第1章

ブリコラージュとしてのトーテミズム

『野生の思考』に盛り込まれている多彩なアイデア群の中で
現代社会を再考する手がかりとなるのがトーテミズムだ。
これについては、デュルケーム、フロイトなど
多くの学者が独自の解釈を提示してきた。
そんな中、レヴィ=ストロースはトーテミズムを、
ものごとを「分類し考える」という人類に普遍の原理の一応用形態と考える。
そしてこれはグローバル化された現代世界に住む私たちの
思考回路の中にも潜んでいるものと説く。

1　ブリコラージュ

実用性に抗する知的探究心

『野生の思考』の第一章は「具体の科学」と題され、そこにはこの本によって有名になった言葉ブリコラージュが登場する。

かつて野蛮人とか未開民族と呼ばれた非西洋の先住民や少数民族が動植物や自然に対して示す思考様式をレヴィ＝ストロースは具体の科学と名づけた。その特徴がいわゆる近代科学を支える思考と異なることを示すため、ブリコラージュを喩えとしている。「現代のわれわれにも残っている」とレヴィ＝ストロースが言うブリコラージュは、辞書的意味では、「あらゆる種類の手間仕事をして生計を立てること、応急につくりかえたり、修繕したりすること[*1]」である。

ブリコレbricolerという動詞は、古くは、球技、玉つき、狩猟、馬術に用いられ、ボールがはねかえるとか、犬が迷うとか、馬が障害物をさけて直線からそれるというように、いずれも非本来的な偶発運動を指した。今日でもやはり、ブリコルールbricoleur（器用人）とは、くろうととはちがって、ありあわせの道具材料を用いて自分でものを作る人のことをいう。[*2]

ブリコルールは、多種多様な仕事をすることができる。しかし、エンジニア（技師）と違って、彼は仕事の一つ一つについて、その計画に即して考案され購入された材料や器具がなければ手が下せないというわけではない。ブリコルールにとっては、「もちあわせ」つまり、その時々で限られた道具と材料の集合で何とかするというのがゲームのルールだからである。さらにもちあわせの道具や材料は雑多でまとまりがない。というのは「もちあわせ」の中身は目下の計画にも、またいかなる特定の計画にも無関係で、偶然の結果できたものだからである。従ってブリコルールの使うものの集合は、ある一つの計画によって定義されない。それは単に資材性あるいは道具として役に立つという潜在的有用性によってのみ規定されるものである。*3

資材性つまり「まだ何かの役に立つ」という潜在的有用性がものの中に見出されるとはどういうことだろうか。それは、もの（素材）が、明確に限定された用途のためにとっておかれたのではないということであり、同じようにとっておかれた他のものとの具体的な関係の中で、あらたな役割が発見されるということである。そしてあらたな役割が見出されるためには、細かな点に至るまでものの特徴に気づいていなければならない。それを可能にするのは、「野蛮人」のあくなき知的探究心である。

この探究心はものの実用性や物的欲求を充足させる側面にのみ向けられているのではない。例えば、アメリカ北東部とカナダに住む先住民は、食料や工芸材料となるヘラジカの習性について専門の動物学者にまさる実際的知識を持っていた。しかしそれだけではなかった。彼らには何ら経済的価値も食用的価値もない爬虫類の属・種・変種の一つ一つに名前を与え、爬虫類学の体系をつくっていたのである。

動植物種に関する知識がその有用性に従ってきまるのではなく、知識がさきにあればこそ、有用ないし有益という判定が出てくるのである。[*4]

知識は知的欲求に答えるものなのである。動物は食べるためだけではなく、考えるためにも都合のよいものなのである。

分類による秩序づけが要求するトーテミズム

ブリコラージュである具体の科学は、身のまわりにあるものを微細な際に至るまで、ありとあらゆる角度から吟味し、そこから得られた知識を、例えば病気の治療に活用する。シベリアのヤクート族では、キツツキの嘴に触れるのは歯痛の、キツツキの血を飲むのは瘰癧《るいれき》の、クチャ鳥の卵を呑み込むのは結核の薬となる。しかしこの場合でも資材性の調べ上げの真の問題は、キツツキの嘴に触れれば歯痛がなくなるかどうかという因果関係ではない。

ブリコルールの目的は、有用なものをつくり出す、あるいは偉大な芸術作品を生み出すことにあるのではなく、むしろありあわせのもの同士の間に意表をつく組み合わせ方ができることを発見するのを楽しみ、そこに喜びを見出すことにある。『野生の思考』という本もそのように書かれているが、それと同じように、ヤクート族の関心は、以下のようなことにある。

なんらかの観点からキッツキの嘴と人間の歯を『いっしょにする』ことができるかどうか（病気の治療はこの一致のさまざまな仮定的応用例のうちの一つにすぎない）、またこのように物と人間をまとめることによって世界に一つの秩序を導入するきっかけができるかどうかを知ることである。[*5]

そのためにとるに足りない爬虫類の体系化と分類整理にアメリカ先住民は余念がなかったのである。

分類整理は、どのようなものであれ、分類整理の欠如に比べればそれ自体価値をもつものである。[*6]

「未開の思考」と呼ばれるものの根底には、われわれの思考同様、純粋な知的欲求と分類による秩序づけの要求が存在する。レヴィ＝ストロースによれば、その一つの現れが、トーテミズムなのである。

2 トーテミズム

フレイザー、デュルケーム、フロイトの仮説

『今日のトーテミスム』は、『野生の思考』の前に出版され（ともに一九六二年）、検討される主題という点で、二つの書物は緊密な関係にある。『今日のトーテミスム』での議論の対象となったトーテミスムへの言及が『野生の思考』の中でも見られるからである。トーテミスムは『野生の思考』の親族と神話という二つの主題を橋渡しするものでもあり、二つの主題両方にもまたがっている。また『野生の思考』が現代的状況を理解するのに一つの契機となることを示す上でも、重要な主題である。そこでまず『今日のトーテミスム』に従って、トーテミスム（以下人口に膾炙するトーテミズムという表現を使う）の説明とレヴィ＝ストロース理論の学説史上の意義を述べておこう。

トーテミズムtotemismという語は、北アメリカ先住民オジブワのトタムtotamに由来する。トーテミズムは、動物や植物などの自然種の崇拝とまとめられることが多い。崇拝の対象となる種はトーテムと呼ばれ、トーテムは崇拝する人々や集団のシンボルともなり、それを食したり殺傷しないなどのタブーが崇拝する人々や集団に課せられる。同じ種を崇拝する人々の間での婚姻も禁止されることがある。

人類学的な主題としてトーテミズムに最初に言及したのは、一九世紀後半のイギリスのマクレナ

ンであった。彼は、トーテミズムが宗教であるだけでなく、古代民族の動物崇拝や植物崇拝に関する礼拝や、さらに進化した宗教にみられる信仰や儀礼の多くがトーテミズムから派生したと考えた。以来第一次世界大戦直後まで、さまざまな研究者が特に起源と進化との関連で、トーテミズムについての議論を展開してきた。

同じく一九世紀後半の有名な進化論人類学者ジェームズ・フレーザーによれば、トーテミズムの本質とは、動植物などの「もの」と人間の同一視である。そしてこの同一視の起源は、未開の生殖理論に求められる。

オーストラリアアボリジニーなどの「未開人」の間では、女性は男性なしでも妊娠可能であると言われている。女性の周囲にある動植物や石などのものが彼女の体内に入ったとき女性は妊娠し胎動を感じる。子どもが生まれたら、子どもになったものと同種のものは子どものトーテムとなり、人間はトーテムを同じ類いの仲間とか親族であるとみなす。

そこにあるのは、ものと人間の間の対等の関係であり、神と人間との間にある不平等の関係ではない。人間は神としてトーテムを崇拝するのではないし、生け贄を捧げているわけでもないから、トーテミズムを宗教として語るのは間違いであるとフレーザーは言う。フレーザーはまたトーテミズムと外婚制を結びつける議論を批判し、両者には別々の起源があり、トーテミズムの方が古いのだと論じた。

フランス社会学の生みの親であるエミール・デュルケームは、トーテミズムは宗教ではないと論じたフレーザーやラングを批判し、トーテミズムは宗教だと論じた。デュルケームのいう宗教とは、以下のようなことである。

聖なる事物、すなわち分離され禁止された事物と関わる信念と実践とが連動している体系でもあり、それらの信念と実践とは、これに従うすべての人びとを、教会と呼ばれる同一の道徳的共同体に結びつけている。*7

トーテミズムでは、トーテムとなる自然種と氏族の間に祖先と子孫といった親族関係があり、人間は祖先であるトーテムを殺したり食べることを禁じられている。自然種はそれをトーテムとする集団にとっては聖なる存在だが、その理由をデュルケームは、トーテムがそれ自体聖なるものであるというより他の聖なるものの象徴であるからと解釈する。では他の聖なるものとは何か。デュルケームは社会そのものであると言い、特に重要な社会集団である氏族の紋章としてトーテムは機能していると論じている。また諸個人が特定の機会に集合することで発せられる、強烈な激情である「集合的沸騰」から、宗教的観念が生まれたと述べた。

精神分析の分野でもフロイトがトーテミズムを取り上げている。フロイトは、小さな群れの中で最年長にして最強の男性の嫉妬が群れの中での乱婚を防止したという、人間社会の原始的状態についてのダーウィンの仮説に依拠して、議論を説き起こしている。

この最年長にして最強の男をフロイトは父と読みかえる。暴力的で嫉妬深い父は、群れの女を独占し成長した息子たちを追い払う。

ある日のこと、追放されていた兄弟たちが共謀して、父を殴り殺し食べ尽くし、そうしてこの父の群族に終焉をもたらした。彼らは一致団結して、個々人には不可能であったことを成し遂げたのである。[*8]

暴力的な父は息子たちにとっては羨望と恐怖を伴う模範でもあったから、彼らは食べるという行為によって、父との一体化も果たしたのである。それによって息子たちは父の強さの一部を取り込んだのである。

しかし父は、自分たちを追放した憎むべき相手であるだけでなく尊敬や愛情の対象でもあったから、父殺しは解放であると同時に罪意識を生じさせるものであった。この犯罪行為を繰り返し記憶するための記念祭がトーテム饗宴（父の代わりに動物を生け贄にすること）であり、父殺しから社会的制度や道徳的制約、宗教が生まれたのだとフロイトは主張する。[*9]

レヴィ＝ストロースの徹底的な批判

独創的な仮説が提示される一方、トーテミズムの項目のもとにまとめられる民族誌的データが蓄積され多岐に及ぶものになると、何がトーテミズムなのか、トーテミズムの本質的特徴とは何かについて、研究者たちは混乱するようになった。人類学者の間では個別の事例の記述を除けば、トーテミズム一般について人類学者が論じる機会は減っていった。また一九二〇年代以降フィールドワークに基づく実証的な機能主義的人類学が台頭するようになると、フレーザーやフロイトの仮説は、憶測に基づく独善的な議論だと批判され、省みられなくなった。

そのような背景を踏まえ人類学的概念としてのトーテミズムを再び取り上げ、従来の理論を批判したのがレヴィ＝ストロースであった。

レヴィ＝ストロースはトーテミズムに対する関心はヒステリーに対する関心と似ており、どちらの場合にも、学者たちが学問的客観性の外見のもとに、「未開人」や精神病患者を自分たちとは異質の存在に仕立て上げようとする傾向があると批判する。学者である一九世紀末に生きる正常な白人男性が、自分たちの中の望ましくない部分を「未開人」や精神病患者に投影することで、そのような部分が自分たちの中にあることを否定し、自分たちは合理的な思考様式を有していることを確固としたものにしようとしたのである。その意味でヒステリーもトーテミズムもいわば「西洋の白人」がつくりだした幻想であるとレヴィ＝ストロースは批判する。

こうした「エスノセントリズム」（自文化中心主義）批判から出発し、その後の機能主義人類学によるトーテミズム解釈も、レヴィ＝ストロースは批判の俎上にあげている。イギリスの構造－機能主義をリードしたラドクリフ＝ブラウンは、ある社会の物質的もしくは精神的福祉に重要な結果を及ぼすあらゆる事象や事物は儀礼の対象になる傾向があり、トーテムはまさにそのようなものだと言う。[*10]

これに対してレヴィ＝ストロースは、有益だからトーテムになるというのではなく、トーテムになっているから儀礼の対象になり、故に人々は何らかの利点をそこに見出すようになるのではないかと疑問を投げかける（ラドクリフ＝ブラウンのこの立場をレヴィ＝ストロースは第一理論と呼び、自らの立場に近い第二理論と区別している）。

ラドクリフ＝ブラウンのライバルともいわれたマリノウスキーの立場は、生物学的・心理学的観点から実利的に説明するというものである。トーテムが動植物なのは、未開人の意識において最も重要な位置を占める食物を動植物が提供するからであり、それが未開人の心に感動を呼び起こし、トーテムとして崇拝や禁忌の対象になるというのである。[*11] しかし、食物として動植物が大切なのはどこでも同じであり、それは生理現象という自然の領域に属することになる。だとしたらトーテミズムは至るところに存在しても不思議ではないが、そうではない。またさまざまな民族誌を細かく検討しても何ら実利的でないものがなぜトーテムになっているか説明できない。例えば南スーダンのヌアーのトーテムは雑多で奇妙な物の寄せ集めであって、最も有用な物は彼らのトーテムの中に数えられていないと調査者であるエヴァンズ＝プリチャードは述べている。[*12] またマリノウスキーの説明は実利的解釈にこだわるあまり、その場しのぎのつじつま合わせにならざるを得ないとレヴィ＝ストロースは批判している。

レヴィ＝ストロースはトーテミズムに固有の信仰の領域があるわけではなく、トーテミズムと呼ばれてきたものは、動物や植物に関する言葉で形成された特殊な用語を用いて、氏族や部族といった人間の社会集団間にある相互関係を表現したものだと論じた。

例えば三つの氏族A、B、Cがそれぞれ鷹、熊、亀をトーテムとするのは、鷹と熊と亀という自然界に存在するものどうしの違いや相互関係（空と地と水という対立）が人間集団A、B、Cの違いや相互関係を表現するのに用いられたものだからであり、それはものごとをカテゴリー化するつまり「分類する」という人類に普遍の原理の一応用なのである。ある動植物がトーテムになるのは「食べるのに適している」からと唱えるマリノウスキーのような機能主義と比較して、レヴィ＝ストロースの立場は「考えるのに適している」と説くのである。ブリコラージュとしてのトーテミズムは、動植物さらには身近にある事物という「ありあわせのもの」が、食するにとどまらず「まだ役に立つ」と考えて、分類に用いた営みだといえよう。

3　現代のトーテミズム

鳥インフルエンザに潜むトーテミズム

トーテミズムは、グローバル化が進む以前の先住民の世界にのみ見られる思考様式ではない。そのままではないにせよ、現代世界に住む「われわれ」の中にも潜んでいる。構造主義の視点から鳥インフルエンザに対する世界の諸都市の反応を比較したフレデリック・ケックの研究からも、それはうかがえる。*13

高病原性（ウィルスなどの病原体が他の生物に感染して、宿主に感染症を起こす性質・能力を病原性という）のH5N1型ウィルスによる鳥インフルエンザが、二〇〇五年に中部フランスの農場で発生したとき、鳥から人間にウィルスが感染するというおそれから鶏肉の消費は二〇％落ち込み、都市部では人々が鳩と猫（H5N1型が猫からも検出された）に近づかなくなった。人々は鳥と鶏肉を食べることにおびえたのだが、このいささか理性を欠き、それ故に「未開」に見える反応にもそれなりの合理性が働いているのかをケックは考えようとした。

ウィルスも感染症も世界的に蔓延する故に恐怖も蔓延すると考えられがちだが、社会が動物や病気についてどういう体験をしたか、環境とどう関わってきたかによって、この恐怖という感情は、異なった形で表出する。パンデミックなウィルスに対して香港、パリ、ジャカルタなど異なる都市での恐怖を構造主義的な視点から比較することで、グローバル時代の人間と自然の関わりや潜在的なカタストロフィの研究を構想することができると、ケックは述べる。

例えば香港では一九九七年（中国に香港が返還された年）に、H5N1型ウィルスが鶏から人一八人に感染し七人が死亡、二〇〇三年にはH9N2型が五歳の少年に感染したという歴史がある。しかし香港の人々は、ケックが研究に着手した二〇〇五年以降、鳥由来のウィルスにおびえているとき、鳥のことばかりを考えていたのではない。二〇〇三年に広まったSARSウィルスは、広東からハクビシン（ジャコウネコ科の動物）によって香港にもたらされたと思われていた。二〇〇五年に彼らはこのハクビシンにも思いを馳せていたのである。

SARSはSevere Acute Respiratory Syndrome（重症急性呼吸器症候群）の略で、SARSコロナウィルスによって引き起こされる感染症である。新型肺炎とも呼ばれる。香港では二〇〇三年に一七五五人が発症、うち二九九人が死亡した。ハクビシンがSARSの自然宿主ではないかと疑われ、中国政府はSARS伝染の媒体になると流通を禁止した。[*14] 鳥インフルエンザ流行の怖れは、香港の人にそのことを思い出させたのである。

さまざまな動物をトーテムにする

しかしハクビシンは、単なる自然宿主のジャコウネコ科の動物なのではない。香港の人にとっては、香港：広東＝鳥：ハクビシンという二項対立が成立しており、ハクビシンは中国大陸部あるいは香港と緊張関係を孕んでいる中国政府の象徴と化していたのである。

二〇〇五年の鳥インフルエンザのとき、他国や他地域が関わる過去の動物がらみの事件を怖れとともに想起するのは、ケックによるとパリやジャカルタでも見られた。一九九五年にイギリスから蔓延した狂牛病をフランス人は考え、ジャカルタでは植民地時代に白人が持ち込んだ豚のことを考えたという。鳥への恐怖は、香港と中国、フランスとイギリス、インドネシアと西洋との関係について議論するきっかけであり、そのとき、ハクビシン、牛、豚は、一時的かもしれないが、外国のトーテムになっていたのである。[*15]

この構造分析は、例えば香港の場合、イギリスから中国に返還された後の中国政府との歴史的政治的動向を視野に収めようともしており、出来事の意味についての説明をより豊かにする可能性を秘めている。ケックのこの試論は、グローバル化した社会の中でも二項対立に基く差異化と分類という「野生」の心性に類似した思考が作動していることを明らかにしてくれている。では鳥インフルエンザ以外のどのような場面でそれは見られるのだろうか。

＊1　宮川淳、『紙片と眼差しのあいだに』、一七ページ
＊2　レヴィ＝ストロース、『野生の思考』、二二ページ
＊3　『野生の思考』、二三ページ
＊4　『野生の思考』、一二ページ
＊5　『野生の思考』、一三ページ
＊6　『野生の思考』、一三ページ
＊7　エミール・デュルケーム、『宗教生活の基本形態　上』、九五ページ
＊8　ジグムント・フロイト、「トーテムとタブー」、『フロイト全集12』、一八二ページ
＊9　「トーテムとタブー」、一八二ページ
＊10　A・R・ラドクリフ＝ブラウン、「トーテミズムの社会学的理論」、「タブー」、『未開社会の構造と機能』など参照。
＊11　Malinowski, Bronislaw, *Magic, Science and Religion and Other Essays*参照。
＊12　E・E・エヴァンズ＝プリチャード、『ヌアー族の宗教　上』、一五九ページ
＊13　Keck, Frédéric, *Lévi-Strauss and Bird Flu.*参照。
＊14　その後の調査により、宿主はハクビシンではなくキリガシラコウモリであることが二〇〇八年に判明した。
＊15　ケック自身はトーテムという言葉を使っていない。

第2章

国際養子縁組

グローバル化した現代社会にあっても
レヴィ=ストロースいうところの差異化と分類が作動しているひとつの例として
本書では国際養子縁組を主要なテーマとして扱っていく。
その手始めとして、本章では養子縁組先進国としての
スウェーデンでの実地調査をもとに、そこにはらむ経済的な南北問題、
倫理的問題、法的問題など、その歴史と現状を概観していく。

この社会には、われわれが自然と看做す感情に、著しく逆らっているところがあった。たとえば、出産に対する激しい嫌悪がある。堕胎や嬰児殺しは、ほとんど当たり前といった風に行われており、したがって集団の永続は、次の世代を生むことによってよりは、むしろ、よその子を養育することによって保たれていた。戦士の遠征の主な目的の一つは、子どもを手に入れることだった。このようにして十九世紀の初めには、或る計算によれば、［カドゥヴェオ族が属する］グワイグル族の一集団の成員のやっと十パーセントが、その集団の血を引いているに過ぎなかった。

子供がどうやら生れてしまうと、子供はその両親の手で育てられないで他の家族に預けられた。しかも両親は、預け先の家族を極めて稀にしか訪れない。*1

1　歴史と現状

南北問題を常に孕む

かつてのカドヴェオ族ほど極端ではないにせよ、多くの社会が、家族や親族集団を存続させていくために、自らの生殖によってではなく、他者の生殖によって生まれた子どもを自分の集団の一員にするという養子縁組を行ってきたのは周知の事実であろう。*2 しかし養子縁組は特定の地域や一つの国の中、あるいは同一民族集団内で、完結するものとは限らない。今日欧米では、身寄りのない子どもや施設に暮らす子どもを外国から引き取り、自国の市民権と法的身分を与え、自分の子どもとして育てる国際養子縁組（Inter Country Adoptionあるいは Transnational Adoption）が行われている。前章で取り上げた鳥インフルエンザ以外にも、現代のグローバル化した世界において、トーテミズム的分類に匹敵する例が、国際養子縁組である。

次章以下で詳しく分析する国際養子縁組について本章でまず概観しておこう。[*3]

今日言われている国際養子縁組は、朝鮮戦争の戦災孤児やアメリカ兵と韓国人女性の間に生まれた混血児救済からスタートした。アメリカの篤志家ホルトが彼らを養子として引き取っただけでなく、ホルトは養取のエージェントであるホルト財団を設立し、そこを介して多くの韓国人の子どもがアメリカの養父母のもとに引き取られた。[*4]

今日ではアメリカ合衆国だけでなく、ヨーロッパの諸国やオーストラリア、カナダも外国から養取しているが、受入数は圧倒的にアメリカ合衆国が一位である［表1］。しかしその国の出生児数、千人に対する国際養子の割合では、スカンジナビア諸国（スウェーデン、デンマーク、ノルウェー）、スペインが高く、近年ではイタリアも上位に位置している［表2］。一方養子の出生国では、中国、ロシア、エチオピア、グアテマラ、韓国、コロンビアが上位を占めている［表3］。

受け入れ国と供給国を見ればたやすく推察できるように、戦争、飢餓、病気さらには前世紀末の社会主義政権崩壊後の経済的混乱などから、自国で子どもを養育できないため外国へ養子に出すの

年	2009	2011	2012
アメリカ	12,753	9,320	8,668
イタリア	3,964	4,022	3,106
フランス	3,017	1,995	1,569
スペイン	3,006	2,573	1,669
スウェーデン	912	538	466
デンマーク	496	338	219
ノルウェー	347	304	239

表1 養子の主な受け入れ国と年ごとの受け入れ数
（ピーター・セルマン作成）

年	2004	2008	2010
ノルウェー	12.8	5.1	7
スペイン	12.4	6.4	5.8
スウェーデン	11.7	7.4	4.5
イタリア	6.4	7.3	7.4
アメリカ	5.5	4	2.8
イギリス	0.5	0.4	0.2

表2 出生児1000人に対する養子の割合
（ピーター・セルマン作成）

年	2003	2005	2007	2009	2011	2003－2011総計
中国	11,226	14,493	8,748	5,084	4,418	79,577
ロシア	7,743	7,480	4,880	4,033	3,327	51,142
エチオピア	858	1,778	3,034	4,564	3,456	25,708
グアテマラ	2,676	3,872	4,851	799	40	24,138
韓国	2,308	2,121	1,223	1,438	961	14,653
コロンビア	1,750	1,466	1,635	1,415	1,577	14,631
ウクライナ	2,052	1,987	1,614	1,517	1,073	13,984

表3 養子の主要な出生国と年ごとの人数（ピーター・セルマン作成）

だといわれてきた。[*5] 供給国は、アジアやアフリカなどのいわゆる南側諸国であって、先進国の北側諸国が供給国になることはなく、北側の国はもっぱら受け入れ国である。そのため、養子家族の多くが幸せな家庭を築いているとはいえ、国際養子縁組は、北による南の搾取、体《てい》のいい人身売買、児童ポルノの隠れ蓑だという批判もある。[*6] また養父母は「白人」、養子は「アジア系あるいはアフリカ系」のように、国際養子縁組は、異「人種」間養子縁組である場合が圧倒的に多い。[*7] 白人社会の中で外見の明らかに異なる養子の中には、差別されたり人格形成がスムーズにいかない者がいることを指摘する声もある。[*8]

養子縁組先進国としてのスウェーデン

国際養子縁組は二〇〇四年がピークであり、近年は減少傾向にある。この要因の一つとしてハーグ条約を指摘する声もある。一九九三年に国際養子縁組に関するハーグ条約が制定された。この条約は、子どもの福祉を尊重し養子縁組が子どもの人身売買にならないよう規制しており、親を必要とする子どもに出生国内で養父母が見つからない場合の最後の手段として、国際養子縁組を認めている。それにより安易に外国へ子どもを送り出す流れに歯止めがかかったというわけである。[*9] 近年の北欧では、養子縁組成立件数が著しく減少してきており、例えばスウェーデンでは、六団体あった養子斡旋団体が三に減り、残っている団体も規模の縮小を余儀なくされている。それをひとえにハーグ条約に帰することができるかは、まだまだ検討の余地がある。[*10] なお現在八〇ヶ国以上がこの条約を批准しているが、G8ではロシアとともに日本はまだ批准していない。

一九六〇年代後半からはじまったスウェーデンの国際養子縁組では、当初は不妊の夫婦だけでなく、戦争や貧困で親のいなくなった子どもたちを救おうという人道主義的な立場から、既に実子のいる夫婦も養取していた。今日では不妊治療の代替策として定着している。国内養子ではなく国際養子が代替として定着してきたのは、国内で養子に出される子どもがきわめて少ないからである。中立国だったスウェーデンは第二次世界大戦で国土が被害を受けることもなかったため、戦後の経済成長は好調で女性も労働力として社会進出が期待された。そのため子どもをかかえた女性への保障が整備され、また中絶も合法化された。未婚女性が不倫関係によって望まれない子を出産し養子に出すという事態が激減したのである。[*11]

とはいうものの、国際養子縁組も五〇年近く経過すると、今日では、従来あまり見られなかった家族の形態が現れてきている。例えば、人道主義的立場から実子と養子両方で家族をもちたいと考えるカップルや、パートナーを見つけるより先に子どもがほしいとシングルで養母になった女性たちもいる。さらには国際養子が成長し結婚して国際養子をもらって養父母になるというケース、あるいは養子縁組が不可能なので代理出産で父になったシングル男性も現れている。以下こうした例を紹介しておこう。[*12]

2 今日の国際養子家族

事例1 シングル（アダプティヴ）マザー〜マリン

マリン（仮名、以下同じ）は一九六九年生まれの看護師で、スウェーデン南部の大学街ルンドに住んでいる。以前付きあっていた男性は子どもを持つことに関心がなかったが、彼女はずっと母親になりたかった。男性との関係を続けるより子どもをほしいという気持ちが強く、男性と別れシングルマザーになる途を選択した。

マリンと養女たち

ルンドからデンマークの首都コペンハーゲンへは、両国の間の海峡に架かる橋を渡れば一、二時間で行くことができる。コペンハーゲンには国際的にも有名な精子バンクがある。そこで匿名の提供精子を購入し人工授精により妊娠し生物学的子どもを生むことも検討した。*13 しかしこの方法では最初から父親が誰かわからない子どもを生むことになる。また子どもは養護施設で育つべきではないとも考えていたので、国際養子縁組で母親になる決心をした。

二〇〇二年に手続きを開始し、二〇〇四年に生後一四ヶ月の女児を中国から養取した。中国を選択したのは当時シングル女性が養母になることを認めている数少ない国だったからである。しかし中国は二〇〇七年に一転認めない国になった。そこでマリンは二人目の養女をベトナムから養取した。二人目をもらうことにしたのは、「母一人子一人だと小さい家族のままで、母―娘というより友だち同士の関係になってしまいそうだ」と感じたからだという。

マティアス一家

事例2　養子と生物学的子どもで家族になりたい〜マティアス

マティアスはマリンの弟でスウェーデン南部の都市マルメに住んでいる。彼と彼の妻はパートナーになる前から「世界中には親がいない子供たちがたくさんいる。その子たちのために親になろう」と話し合っていた。彼らは人道主義的立場から養子縁組を希望したのであり、不妊だったからではない。「養子と生物学的子どもで私たちは家族になりたいと考えていた」。

スウェーデンでは養父母候補者が参加しなければならない「コース」と称されるプログラムがある。マティアス夫妻もそれに参加していたが、そのとき妻が妊娠し二〇〇九年五月に娘が生まれた。生物学的子どもが生まれた場合は、国際養子縁組の手続きをいったん中断しなくてはならない。彼らが養子をもらったのは二〇一二年八月、中国からだった。マティアスは以前から仕事で中国に行ったことがあり、中国の風土や文化を気に入っていたことと、「中国から養子をもらえば、姉の子どもに同じ国出身のいとこをつくってやれる」と考え、中国を選択したのである。

事例3　養父母になった国際養子夫婦〜アンデッシュとカリナ

アンデッシュは一九七七年韓国に生まれ、生後六ヶ月でスウェーデンに養子に来た。二〇〇一年にはじめて韓国を訪問、そのときの体験を綴ったブログがきっかけでカリナと知り合い結婚した。カリナも養女で一九七五年エクアドルに生まれ、生後二ヶ月半でスウェーデンに来た。五歳年下のチリ出身の弟ダニエルがいる。

彼らは子どもがなかなかできなかったとき、不妊治療ではなく養子縁組により親になることを選択した。それが養子養女であった彼らには自然な選択だったし、養父母への愛着が強いカリナにとって、養父母と同じ体験をして母親になりたかったからだという。二〇〇七年十月に彼らはベトナムから生後一三ヶ月の男児を養取した。[*14] なお彼らと同じときに子どもを引き取りにベトナムに行ったのが事例1で紹介したマリンである。ベトナムからの帰国後もマリン一家とアンデッシュ・カリナ一家は交流を続け、アンデッシュとカリナはマティアス一家とも知己になった。このように同じ国にともに子どもを引き取りに行った養親たちが、その後も交流しネットワークを広げている。これは欧米ではよく見られる現象で

アンデッシュ、ヴィクター、カリナ

ある。[15]

事例4　代理出産でシングルファーザーになる〜リカルド

リカルドは一九六七年生まれで、現在は大学病院の麻酔医をしている。彼はシングルだが、子どもを育てたいと思っていた。しかし、国際養子をもらうことは不可能である。スウェーデンでは認められているが、養子の拠出国でシングルの男性が養父になるのを認めている国はないからである。あるときゲイの友人から、インドで代理母に子どもを生んでもらうやり方があることを聞き、母と姉も賛成したので、計画を実行することにした。[16] インドはゲイのカップルがが代理出産のために渡航する国として知られていた（特にオーストラリアからの渡航者が多い）。ムンバイのクリニックと連絡を取り、送られてきた卵子提供者のリストから一人を選んだ。代理母は別の女性を頼んだ。二〇〇九年に男女の双子が生まれた。現在はベビーシッターを雇って不在中の世話を頼んでいる。日中は託児所に預けている。

リカルド一家

3　ダブル・アイデンティティ

スウェーデン人になれない国際養子たち

国際養子はスウェーデン社会だけでなくスカンジナビア諸国で広く受け入れられてきたが、近年ではその問題点が取りざたされるようになった。二〇〇二年四月には、国際養子の子どもの自殺率が一般のスウェーデン人の三・七倍であるという研究報告が全国紙で紹介され、その後も自殺率だけでなく、犯罪、精神的病、アルコール中毒にかかる割合においても、国際養子は、同年配の一般スウェーデン人を上回るという話題が繰り返し取り上げられた。[*17] この国際養子に関する報告は国際的な医学雑誌The Lancet他に掲載されたが、[*18] これをメディアがこぞって取り上げた。あるテレビ番組では、（韓国からの）国際養子たちが国際養子制度そのものを批判し、それに対して別の国際養子が反論するという議論の応酬が報道された。[*19]

このメディア報道で国際養子制度そのものに批判的だった養子たちは、一九六〇－七〇年代に韓国から来て成長した人たちだった。彼らは自分を一〇〇パーセントのスウェーデン人と思って育ってきたのに、外見から外国人と思われ英語で話しかけられたり、「スウェーデン語がうまい、どこで学んだの」と尋ねられた体験をもつ。女性はセクハラの対象になったこともある。また出生国を訪れても、仕草も違うし言葉も話せないため、例えば韓国の人からは同胞として認められず、実の親や親戚についての手がかりが得られると期待したのにほとんど情報が得られなかったということもあった。「スウェーデン人であってスウェーデン人でない、韓国人であって韓国人でない」というアイデンティティについての深い悩みや困惑を彼らは持っていた。

しかしこの出来事以前の二〇世紀末にも、六〇年代、七〇年代生まれの成人した国際養子たちは、自分たちの体験を語り出していた。その一つがやはり「私は誰なのか」というアイデンティティについての問いかけだった。例えば、一八人の養子に取材した結果をまとめたフォン・メレンが紹介するエチオピアからの養子テドロスは次のように述べている。

確かに私は養子だ、でも決して完全なスウェーデン人として受け入れてもらえないだろうということに気づくようになった。その点で私は移民と同じ立場にいる。初めて私を見た人々は私がアフリカ人だと思う。それは私がともに生きていかなければならない何かであり、何とかうまく乗り切らなければならない。私はもっとスウェーデン人になるよう努めるべきなのか、それとも自分のルーツを追求すべきなのか。人に力を与えるのは、やってきた場所へ戻る事だと信じている。もし私の生みの母とエチオピアに対して強く肯定的な関係を私が持てたら、それが人間として私を強くできる。いつか「自分はエチオピア人でそれを誇りに思う」と言えるようになったらいい。[*20]

ここに語られているような、皮膚や目の色、髪の毛のかたちなどが、白人の生粋スウェーデン人と違うために、スウェーデン人ではないと誤解されるだけにとどまらず、好奇なまなざしや時には人種差別に苦しんだ初期の養子たちもいる。

子どもに目を向けた方針転換

しかしアイデンティティの問題は世紀末から出現したのではない。一九八〇年代以前は、生まれがどうあろうと、誰でも平等にスウェーデンの国民になることができるという理念が支配的だった（これをシングル・アイデンティティと呼んでおく）。移民やその子どもたち、国際養子も、完全なスウェーデン人になることが求められ、彼らもそうなろうとした。*21 そして出生国の記憶や経験は、スウェーデン人である［になる］のには不必要・無関係と判断された。

だが、人種の異なる国際養子が増えていく中で、心理学者たちは、国際養子の成長に伴う追跡調査を繰り返し実施してきた。その過程で、乳児期を過ぎ、出生国の慣習や言語を身につけた後スウェーデンに来た初期の養子たちの中には、スウェーデン語の習得に躓き、対人関係や自己形成に問題を抱える者がいることも気づかれるようになった。また精神的な安定という点で特に問題のない国際養子でも、生みの親は誰かを知りたいと思っていることも報告された。こうして、出自あるいは生物学的な起源を知りたいと思うことは、アイデンティティの通常の発達であるとも考えられるようになった。[22]一九七〇年代末にベストセラーになったアレックス・ヘイリーの『ルーツ』も出自の重要性を気づかせることになったといえる。

こうしたことから、徐々に国際養子受け入れ政策に方向転換が図られることになった。大切なのは、養子をもらい親になろうとする人たちの権利以上に子どもの福祉の方であるという、人工授精法（一九八四年制定、第4章参照）と同じ理念をそこに見出すことができる。精子提供者を非匿名にし、精子提供で生まれた子どもは一八歳になれば生物学的父親を知る権利を有すると定めたこの法は、一九八九年に採択された国連の「子どもの権利条約」の考え方を先取りしたものといえる。権利条約では第七条一に「児童は、出生の後直ちに登録される。児童は、出生のときから氏名を有する権利及び国籍を取得する権利を有するものとし、また、できる限りその父母を知りかつその父母によって養育される権利を有する」として「その父母」を知る権利について定めている。[23]「その父母」とは、一般に生物学的・遺伝子的親と考えられている。守らなければならないのは、親の権利より親や出自を知ろうとする子どものこの権利なのだ。

さらに権利条約には、養子についても第二一条で「養子縁組の制度を認め又は許容している締約国は、児童の最善の利益について最大の考慮が払われることを確保するものと」することがうたわれている。この精神に則って、養子縁組の名目で非道な児童の人身売買を阻止する意味もあって、一九八八年には国際養子縁組を議論する特別委員会がハーグ国際私法会議によって設置、「国際養子縁組における子どもの保護と協力条約」が作成され、一九九五年から施行開始、スウェーデンはこのハーグ条約の草案を作成するのに指導的役割を果たした。[*24] 条約では、養子の出生国内での養子縁組が成立するよう最善の努力がなされるべきだが、それができず子どもにとって国際養子縁組が最善の措置であると判断された場合にのみ、手続きを開始するようにと述べられている（第四条）。[*25] 国際養子に比べて国内養子の方が実の親についての情報も相対的に得やすく、人身売買につながりにくいという判断からであろうが、それだけにとどまらず、このことは、生物学的遺伝学的特徴という点でかけ離れていない人々の周りで暮らせるようにするのが、外見の違いや差別を気にする必要もなくなるから、子どもの福祉上好ましいという判断も含意している。

そして国際養子縁組をする場合でも、受け入れ国となるスウェーデンでは、養子のダブル・アイデンティティ維持が望ましいと考えられている。[*26] ダブル・アイデンティティ（dubbel identitet）とは、子どもはスウェーデン人であるけれども、同時に生まれた国の文化や民族の一員でもある、つまり二つの国や文化・民族に同時に帰属するというもので、それが養子の人格形成や精神衛生上望ましいと考えられたのだ。

そのため、養子に日頃から出生国の文化に触れさせようと、養親は養子の出生国に子どもを引き取りに行った際、その国の国旗や本、美術品、音楽CDを買い求め、帰国後リビングに飾り繕き鑑賞する。さらに子どもの誕生日やホームカミングデー（養子が養親の国にやって来た日、ファミリーデーともいう）などの記念日には出生国の民族料理をつくる。また出生国でつけられた名前を養子のミドルネームとして残しておくこともある。

さて以上を踏まえて、これまで述べてきたトーテミズムと国際養子縁組はどのようにつながるのか、次章ではそれを検討する。

＊1 クロード・レヴィ＝ストロース、『悲しき熱帯 I』、三一七ページ。［］内は筆者注。

＊2 親族研究が重要な研究分野であった人類学の養子研究の動向についてはBowie, Fiona (ed.), *Cross-Cultural Approaches to Adoption*, Howell, Signe, *The Kinning of Foreigners: Transnational Adoption in a Global Perspective*, Yngvesson, Barbara, *Belonging in an Adopted World: Race, Identity, and Transnational Adoption*を参照されたい。

＊3 以下本書では、養子縁組と同義で養取という語も使用する。

＊4 Kim, Eleana, *Adopted Territory: Transnational Korea Adoptees and the Politics of Belonging*, Introduction, ch.1参照。

＊5 しかしこの説明は、慎重な検討を要する。例えば国際養子縁組の嚆矢である韓国は、現在は決して貧しい国ではない。少子化傾向も進み、出生児率は一・一五で世界最低である。韓国が養子供給国の常に上位にいるのは、父系血縁の強調、私生児に対する偏見などの文化的要因があると考えられる。現在韓国では国内での養子縁組を推進しつつあるが、依然として拠出国の上位に算えられている。また主要供給国のうち、最低開発国の指標となる国民平均所得三〇四ドル程度の国は存在しない。Selman, Peter, 2005, The "Quiet Migration" in the New millennium: Trends in Intercountry Adoption 1998-2003, Paper presented at the 8th Global Conference, Manila, August10-12, 2005など参照。

＊6 例えば、高倉正樹『赤ちゃんの値段』、Hübinette, Tobias, Adopted Koreans and the Development of Identity in the 'Third Space', *Adoptions and Fostering* 28(1), pp.16-24など参照。

＊7 養取による子どもの越境の方向性が、出稼ぎ移民による越境と同じように「南」から「北」であることから、国際養子縁組も移民の一形態として捉えて分析すべきだという研究もある。例えばLeinaweaver, Jessaca, *Adoptive Migration: Raising Latinos in Spain*を参照。

＊8 Gullestad, Marianne, *Plausible Prejudice: Everyday Experiences and Social Images of Nation, Culture and Race*, Ch10参照。

＊9 朝日新聞Globe、二〇一四年六月一日号参照。

＊10 スウェーデンで発行されている養取に携わるソーシャルワーカーのためのハンドブック（その英訳）には、養子を送り出す国ではシングルマザーが子育てしやすい環境になりつつあると述べられている（Socialstyrelsen, 2009, *Adoption: Handbook for Swedish Social Services*, pp.13-14）。他方デンマークの養子斡旋団体で働く女性は、私的見解だと断った上で、待機時間が長期化すること、生殖医療の普及で生物学的な子どもができる可能性があること（一定の回数までは無料）、メディアは国際養子のネガティヴな側面ばかりを強調し政治家もその影響を受けていること、国全体が不景気であることなどを養取成立件数の減少理由として挙げた。ここからわかるように朝日新聞Globeの記事やハンドブックは、養子を送り出す国の側での減少を説明しようとしたものだが、デンマークの説明は、受け入れ国側の理由を説明しようとしたものである。

＊11 出口顯、「国際養子縁組におけるアイデンティティの問題――スウェーデンの場合」、菅原和孝・編『身体資源の共有　資源人類学9』、二八八―二八九ページ

＊12 本書での事例は、特に断りがない限り著者自身の調査に基づく。またかつて別稿で報告した事例にも言及していることをご容赦いただきたい。

＊13 人工授精については、第4章で解説する。

＊14 出口顯、「養父母になった国際養子たち」、『国立歴史民俗博物館研究報告』、一六九ページ参照。

＊15 Howell, Signe, Community beyond Place: Adoptive Families in Norway, in Amidt, V.(ed.) *Realising Community*参照。

＊16 スウェーデンでは代理出産は現在禁止されているが、許容を検討する動きもある。また現在インドでは金銭目的での外国人のための代理出産を認めていない。

＊17 前納有紀子、「スウェーデン社会における国際養子縁組の発展」、中央大学総合政策学部卒業論文、三ページ

＊18 Lindblad, F., Hjern, A., Vinnerljung, B., Psychiatric Illness, and Social Maladjustment Intercountry Adoptees in Sweden: a Cohort Study, *The Lancet* 360, pp.443-448

＊19 スウェーデンのテレビ番組は隣国のノルウェーでも見る事ができる。韓国からノルウェーに養子にもらわれた二七歳の女性ジャーナリストのハンネ・アンネッソンは、養子同士が激しく議論するこの番組を見て仰天し、何故養子同士が感情をあらわに激突するのかとても興味をもち、新聞の土曜日版に国際養子の特集記事を執筆するに至ったという（Howell, Signe, *The Kinning of Foreigners:*

Transnational Adoption in a Global Perspective, pp.106-107）

*20 Von Melen, Anna, *Strength to Survive and Courage to Live: 18 Adoptees on Adoption*, p.49。著者訳。

*21 Yngvesson, Barbara, 〝Un Niño de Cualquier Color〟: Race and Nation in Inter-country Adoption, Jenson,J. and B. de Sousa Santos (eds.) *Globalizing Institutions: Case Studies in Regualtion and Innovation*, p.182

*22 Christensen, Inger, Is Blood Thicker than Water?' Irhammar, Malin, Meaning of Biological and Ethnic Origin in Adoptees Born Abroad, in Rygvold,A-L., Dalen,M., and B. Saetersdal(eds.) *Mine-Yours-Ours and Theirs: Adoption, Changing Kinship and Family Patterns*など参照。

*23 また第八条には「一 締約国は、児童が法律によって認められた国籍、氏名および家族関係を含むその身元関係事項について不法に干渉されることなく保持する権利を尊重することを約束する。二 締約国は、児童がその身元関係事項の一部又は全部を不法に奪われた場合には、その身元関係事項を速やかに回復するため、適当な援助および保護を与える」と身元関係すなわちアイデンティティに関する事柄を保持できるよう定められている。「子どもの権利条約」については、ユニセフのホームページを参照のこと。また国際養子縁組のハーグ条約については、http://www.hcch.net/index_en.php?act=conventions.text&cid=69（二〇一五年九月二二日確認）を参照されたい。

*24 NIA (Statens nämnd för internationella adoptionsfrågor, The Swedish national Board for Intercountry Adoptions 現在はMIA, Mydigheten för internationella adoptionsfrågor, Swedish intercountry Adoptions Authorityに組織変え), *Adoptions in Sweden: Policy and Procedures concerning Intercountry Adoptions*参照。

*25 これは「子どもの権利条約」二一条の「児童がその出身国内において里親若しくは養家に託され又は適切な方法で監護を受けることができない場合には、これに代わる児童の監護の手段として国際的な養子縁組を考慮することができることを認める」に基づくものといえる。

*26 インベソンによると、この考えに大きな影響を与えたのは、次のような事件である。一九九二年一二月、コロンビアで生後一一ヶ月になる男の子とその母親が誘拐された。母親は殺害され、赤ん坊は遺棄されていたのを近くの人が発見、当局に通報した。当局では赤ん坊の身寄りは名乗り出るようにとマスコミを通じて呼びかけたが、現れなかったため、赤ん坊は捨て子と認定され、一九九三年六月にスウェーデン人夫婦との間に養子縁組が成立し、男の子はスウェーデンに移住した。しかし同年九月、この男の子の生みの母の母（つまり生物学的祖母）のも

とにあなたの孫が捨てられたという匿名の電話があった。祖母は孫を捜して回ったが、時すでに遅かった。そこで祖母は裁判に訴え、一九九五年コロンビアの裁判所は養子縁組が無効であり、養親は養子を実の母方祖父母のもとに返すよう命じた。しかしスウェーデン側は、養子は既にスウェーデン市民であり、養子と養親の法的関係にコロンビアの決定は影響を与えることはできないと拒否した。同年六月および一九九六年に祖母はスウェーデンを訪れたが、孫をコロンビアに連れて帰ることはできなかった。しかし祖母と養父母との間に話し合いがもたれ、一九九七年に「子どもは養親のもとにとどまるが、祖母には年一度の訪問権を認める、子どもをスペイン語のクラスに通わせ、しかるべき時に子どもと養親はコロンビアを訪問する」という合意に達した。この養子縁組を斡旋した団体は、他に親がいないのだから子どもは養父母のもとにとどまるべきだが、実の母方祖母はずっと子どもの祖母であることに変わりはないことも認めたのである（Yngvesson, Barbara, "Un Niño de Cualquier Color": Race and Nation in Inter-country Adoption, pp.174-176）。生みの親、出生国との絆を完全に断ち切るのが養子縁組の前提という「決別モデル」（clean-break model）に風穴をあけたとインベソンは評価する。しかしこの事件以前に養子をもらった人たちでもダブル・アイデンティティに基づいて子どもに接してきた養親たちもいるので、インベソンが言うように、この事件がきっかけで劇的に変化したというものでもないだろう。またこの事例は特殊であり、スウェーデンに来る養子のすべての事例に関して、生物学的家族が誰かわかっているわけではない。

第3章

トーテムとしての出生国

韓国人国際養子の韓国へのノスタルジア

本章では、韓国からの国際養子にとっての韓国という出生国と、
レヴィ=ストロースのトーテミズム理論を重ね合わせるという思考を試みたい。
そこでは「誰もが必ず自分のルーツ（起源）をさがし求めたくなるものだ」
という一般的認識とは違う、受入国、出生国のどちらにも帰属できない
「ダブルバインド」的状況という複雑な問題が浮かび上がってくる。

1　スカンジナビアの四人の韓国人養子

国際養子のアイデンティティへの二つの見解

韓国系アメリカ人の人類学者エレーナ・キムは、韓国人国際養子の韓国人らしさについての論文の冒頭を以下のような文章で綴っている。

> 養子の中には生物学的家族や出生国にあまりあるいは全く関心をもたない者もいるかもしれないが、多くの養子にとって、自分たちが誰であるか、どこから来たのか、もし養子にならなかったらどういう人生を歩んでいたかについて想像するとき韓国が中心的な位置を占めているのは否定できない。多くの養子の語りが、ときに怖れに彩られながらも、韓国へ旅し、文化的生物学的「ルーツ」を探索し、そしておそらくは自己の失われたピースをしかるべき場所にはめ込みたいという切望を表現している。*1

しかし国際養子のアイデンティティと彼らの出生国へのあこがれについて一般化するのには慎重でなくてはならない。養子になったときの年齢、生みの親についての情報の有無、養子にもらわれた時代、養子に行った国と地域、そして何よりも養子一人一人の個性によって、事情は多様化するからだ。キムの右の見解は、アメリカで生活する比較的年配（四〇代から五〇代）の韓国人養子の経験を反映しているように思われる。アフリカ系アメリカ人への長い人種差別の歴史を抱えたアメリカに育った韓国人養子も、家庭の外に出ると差別や偏見にしばしば晒されてきた。そのような彼らが、自分たちはアメリカ人なのか韓国人なのか悩み、韓国で生みの母を捜したい、あるいは韓国で韓国人として暮らしたいという思いを募らせたというのは、想像に難くない。しかし韓国に暮らしはじめてもなかなか溶け込めない、受け入れてもらえないということが起きている。

一方二〇〇三年から十年以上にわたって私が訪れた北欧の国際養子たちの場合、事情はかなり異なっている。デンマーク、スウェーデン、アイスランドの国際養子たちも、キムが述べているように、出生国の訪問に関心をもっているが、生みの母や親戚を是が非でも捜したいという切望をずっと強く持ち続けていたとは述べてはいないからだ。彼らの韓国への関心は、むしろ旅行者のものであり、それを越える強い欲望があるとはいいがたい。例を紹介しよう。

右から二人目がヴィクター、その両脇が養父母、左端は筆者

事例1　観光旅行者として韓国訪問～ヴィクター

ヴィクターは、スウェーデン第二の都市ヨッテボリに住んでいる韓国人養子である。

彼は一九八九年に生まれ、その年に養取された。彼には同じ韓国人養子である姉と弟がいるが、彼らの間に生物学的なつながりはない。ヴィクターは以前まだ幼いとき弟の養取に際して両親と姉とともに韓国を訪問し、二〇一一年にも家族で韓国旅行をした。彼の韓国のイメージは、養父母が彼を韓国に迎えに行ったときに撮ったホームビデオによるものだったから、二十年経った韓国の発展ぶりに驚いたという。三週間韓国に滞在しあちこち旅行したが、かつて養取されるまで少しの間過ごした施設を滞在中に訪問したり、生みの母親を捜そうとは思わなかった。実名かはともかく生みの母の名前はわかっていたので、養父母は生みの母捜しをヴィクターがしたいのなら協力すると言っていたのだが、本人にそのつもりはなく、ヴィクターは旅行者として韓国を訪ねただけだったと言う。

事例2　私は一二〇パーセントデンマーク人～ビルギット

ビルギットは一九六六年に韓国に生まれ、六七年にデンマークに来た。デンマークの最初の国際養子の一人で、当時新聞にも写真入りで報道された。しかし現在のようにＮＧＯの斡旋機関を通したのではなかった。

ビルギットの養父母は、織物を輸入するある実業家家族のために働いていた。実業家はさまざまな芸術家を客として自宅に招いていたが、その中に韓国の著名な芸術家カップルがいた。彼らが滞在していたとき、養父母たちも会い韓国人はとてもすてきな人だと思うようになった。それを知った実業家が、仕事で韓国を訪問したとき、知人の韓国人医師に頼んで子どものいない養父母のために、養子になる子を探して施設を回った。この子がいいと実業家夫人がある病院にいたビルギットを選び、彼女はデンマークに来ることになった。

ビルギットは一九八八年、ソウルオリンピックの直前に養父母とともにはじめて韓国を旅行した。その翌年にはホルト・エージェンシーによるサマーキャンプに招待されて三週間韓国に滞在した。一九九七年にも訪問している。また韓国からの養子をデンマークに連れてくる付き添いをしたこともある。彼女は韓国についてたくさん経験をしてきたという。そのことが彼女の中に韓国への親近感を高めたようだ。しかし自分はあくまでデンマーク人だと思ったと言う。

韓国には結局計四回行ったが、どのときも生物学的な親を捜そうとは思わなかったとビルギットは言う。

ビルギット

生みの母は私を生んだとき死んだと聞かされていたし、かりに生きていたとしても英語が話せないだろうからコミュニケーションもできないでしょうし。それになによりデンマーク人の両親で私はとても幸せだったし、彼らの気持ちを傷つけたくなかった。両親は私にいつも自信を与えてくれた。自分を信頼することとか自分を愛することとかね。とても多くのすばらしい価値あるものを与えてくれたわ。

彼女は外見の違いから自分がデンマーク人であるかどうか悩んだことはなかったという。

小さい頃私は百二〇パーセントデンマーク人だった。私は韓国人だと言われてもそれに気づいていていなかった。でも小学校のクラス写真を最初に見たとき自分の外見がどんなに違っているかわかった。七歳のときだったわ。それからよ、私には他の友達とは違ったバックグラウンドがあることに気づくようになった。でも自分が誰かわからないとか、デンマーク人なのか韓国人なのかわからないと感じたことはない。今私は自分が韓国人であることを自覚しているけど、それ以上にデンマーク人なの。小学校のとき先生が両親にこの子は他の子よりデンマーク人らしいとよく言ったものよ。とても面白いでしょ。国歌を全部歌えたの。

事例3　自分のルーツ探しの必要性は感じない～アンデッシュ

韓国を訪れた韓国人養子は彼らと韓国人の間に大きな違いがあることに気づいた。ビルギットは次のように言っている。

デンマークと韓国は大きく違っていた。人々の振る舞いや歩き方も違っていたし。そういう点では自分を韓国人だとは思わなかった。韓国の人にも、あなたは、外見は韓国人だが韓国人じゃないわね、すぐわかるわと言われた。

これはビルギットだけに限らない。前章の事例3にも登場した、一九七七年に生まれ生後六ヶ月でスウェーデン人に養取されたアンデッシュは、ロンドンに留学中に韓国人女性と知り合い、彼女を訪問するためそのときはじめて出生国の韓国を旅行した。二四歳の時である。アンデッシュは子どものときも成人してからもあまり韓国に興味がなかった。

私はいつも自分をスウェーデン人だと思ってきたし、友人やコミュニティから疎外されたと感じたこともなかった。外見は違うが、それ以外は完全にスウェーデン人だと思ってきた。だから自分のルーツを探す必要性も感じなかった。

従ってアンデッシュにとって二週間の韓国旅行は、韓国の人たちと自分がいかに違うかを体験させる旅行となった。彼はいつもスウェーデン人として振る舞っていて韓国語も知らなかった。しかしビルギットの場合と違って韓国の人は彼を韓国人と思っていた。空港で荷物が行方不明になるトラブルが起きたとき、案内所で韓国語が話せないから英語で話してくれるよう頼み、女性職員もわかったように見えたのに、韓国語で話し続けてきた。このときの体験をブログに綴ったことが同じ国際養子（エクアドル出身）の妻と出会うきっかけになったと言う。

ヴィクター、ビルギット、アンデッシュいずれにしても、韓国旅行が彼らのアイデンティティに揺さぶりをかけ、自分は何ものなのかと悩ませることはなかった。

事例4　記録だけの韓国生～ヨハン

成人した韓国人養子の中には韓国をまだ訪れたことのない者もいる。ヨハンは一九七三年に韓国で生まれ、生後一六ヶ月でスウェーデンに来た。二〇〇七年当時ストックホルムに住んでいた。彼にはエクアドルからの養女である妹がいる。

ヨハンはまだ生まれた国、韓国に行ったことがない。「韓国に行ったら実の親を捜したいか」という質問に対して、以下のように答えてくれた。

それは養子について議論されるときよく言われることだが、出生についての情報が私の場合にはあまりない。またルーツを探りたいと思うタイプでもないし、これまでの人生でルーツを見つけるということは重大な問題ではなかった。しかし妹の場合は違う。彼女は生みの親の名前や年齢について知っていた。一〇年間付き合っていたボーイフレンドとの関係が壊れたとき、彼女は自分のルーツをたどってみようという結論に達して、エクアドルの山岳地帯に出かけた。妹は母親のいる村にたどりついたが、これでもう十分と感じて実の母には会わなかった。その後彼女はエクアドルやアルゼンチンなどを半年間旅して帰ってきた。しかし私にはまだ実の母を見つけたいという妹のような気持ちはない。養子というだけでそういう深い心理学的衝動があるはずだとも思わない。何故そういう気持ちをもたなくてはならないのかと思ってしまう。生みの親が恋しくないのとこれまで繰り返し尋ねられてきた。でも［生まれてまもなく警察署の前に置き去りにされて親のことは何も覚えていないのだから――筆者補足］そういうことは情報でしかない。

ヨハンの妹はエレーナ・キムの国際養子のイメージに合うが、ヨハンはそうではなかったのだ。韓国生まれというのは、彼にとっては記憶ではなく、記録にとどまるものなのである。

ヨハンは二〇〇五年に結婚した。妻は白人のスウェーデン人である。妻が不妊で一度IVF（体外受精、第4章で詳述）を試みたが妊娠に至らなかった。妻は一九六七年生まれで三九歳だった。スウェーデンには不妊治療を受けられる年齢制限があるので、治療を続けることはできなかった。そのとき夫婦で話し合って養子をもらうことに決めた。

夫妻は二〇〇五年九月に中国へ養子縁組の申請書類を提出した。二〇〇七年五月に養子になる子どもが見つかったという報せが入り、同年六月に中国へ渡航、一七日間滞在し子どもを引き取った。女の子で二〇〇五年九月生まれだった。何故中国を選んだのだろうか。

はっきりしたことはもう覚えていないが、待機時間が短いとかコストが安いという理由からだったと思う。かかった費用は一〇万クローネで、うち四万クローネは国家から払い戻しがあった。*2 それより面白いのは、私が韓国から来たからということで何故韓国から養子をもらおうとしないのかと質問されることだ。それは何故韓国へ行ってみたいと思わないのかという質問と同じことだ。人々はいつも私と韓国を結びつけたがる。私はいつも「何故、どうして」という問いに対処し続けなくてはならなかった。何故そうした「何故」という問いがとても頻繁に発せられるのかは、とても興味深い。私が韓国から来たからといって韓国から養子をもらおうとは望んだりも思ったりもしなかった。韓国からというのはそれほど重要ではなかった。それに養親候補者に対して最低三年の結婚生活を条件として韓国は求めている。私たちはそれに合致していなかったので、韓国は選択肢からすぐはずした。韓国でなくてはならないとは思いもしなかった。中国は結婚の期間を条件にしていなかったからすぐ中国に決めた［韓国と同じ東アジアだからということではない――筆者補足］。

ヨハンの周囲の人はいつも彼を韓国と結びつけたがると、ヨハンは感じている。生後一六ヶ月で韓国を離れた人間がどうして韓国にノスタルジアを感じることができるだろうか。

2　トーテムとカースト

トーテムとしての出生国

シグネ・ホヴェルは、ノルウェーの社会人類学者で彼女自身ネパールの女児の養母である（夫はイギリス人）。ホヴェルは国際養子を論じたその著書の中で、韓国人養女であるノルウェーのジャーナリスト、ハンネ・アンネッソン（前章註19参照）のエピソードを紹介している。ジャーナリストは養女であることに不満を覚えたことも、自分は何人なのかというアイデンティティの悩みを感じたこともなかったが、養子縁組と児童福祉の専門家は、彼女の言い分に納得せず、どの養子であれ、人生のある段階で必ず自分たちのルーツ（起源）を探し求めたくなるものだと述べた。韓国にノスタルジアを感じないジャーナリストに反論して、専門家は彼女もいつかは韓国のことを思うようになるはずだし、それがなければ「私たちは根無し草になってしまう」と断言した。[*3]

心理学者であるこの専門家にとって、そして事例4のヨハンの周りの多くのスウェーデン人にとって、韓国のような出生国は、養子のトーテムなのである。

既に述べたように、レヴィ＝ストロースは、いわゆる「トーテミズムとは自然的差異と文化的差異の間に相同性を立てる分類体系の一形式[*4]」であり、例えば動植物の種の間の差異と、人間集団の間の差異との間に対応関係を樹立して分類を行おうとすると分析していた。

繰り返しになるが、ある社会にクマ、カメ、ワシと呼ばれる三つの氏族集団があったとしよう。それらの氏族の違いは、自然種の熊と亀と鷲の間に見られる違いと相同である。そこでこの自然種の間の差異を用いて、人間集団の区別・分類が図られる。クマの氏族の人間は熊をトーテムとして崇拝し、熊を殺生したり食することは彼らにとってタブーとなる。しかし、クマの人間が亀や鷲を捕獲し食するのはタブーではない。カメ、ワシのクランの人間と自然種との間にも同様の関係が見られる。そしてタブー以外にも、人間とトーテムの間には、切り離しがたい自然の絆があると、想定されるようになる。

こうしたトーテミズムの場合と同様に、国際養子も出生国との間には「自然」の関係があるとみなされている。養子は、その出生国によって互いに区別される（韓国出身の養子と中国出身の養子は決して同じではないことは、ヨハンの周囲の人々の反応からもわかる）。ホヴェルの著書に登場する先ほどの専門家のように、生まれや起源への関心は消せないと思われているからである。彼らはスウェーデン人でもあるが韓国人あるいは中国人でもあるのだ。出生国は養子から切り離しが不可能であり、生涯を通して養子の傍らにあり続けるとみなされている。クマの人間にとって熊がそうであるように。このことは養親候補者による養子の出生国選びにも関係する。韓国人は勤勉でまじめという印象があるが、アフリカ系の人々は奔放で野放図、そのために犯罪と結びつけられやすい。養子も同じ出生国の人々の性質を共有していると思われているのだ。さらに同じ国から来た養子は、彼らだけの協会をつくり連絡をとりあい交流を深めることがある。また同じ国に養子をもらいに行った親たち、特に中国人養子の親たちは、スウェーデンに帰国後も連絡を密に取り合い、年に一度は誰かの家に集まって交流を続ける。養子は出生国の一員でもあるという誇りをもつよう教育される。

それだけではない。彼らは、その生まれによって生粋のスウェーデン人からも区別され、スウェーデン人でありながらも、統計上は「移民」なのである。

国家がトーテムであることをいぶかしく思う人もいるだろう。国家とは政治的な単位であり、それ故文化の領域に属するものであり、自然の領域に属さないのに対して、例えばオーストラリア・アボリジニーや北アメリカ先住民のトーテムは自然種であるからだ。さらに、人間と自然種は異なる領域に属するが、社会集団間の差異は自然種間の差異に等しい故に、人間あるいは人間集団と自然種の関係は「隠喩」的であるといえる（異なる領域に属するものの間に類似性が見られる場合、その間の関係を隠喩metaphorという）。[*5] しかし国際養子とその出生国との関係は隠喩的とはいえない。生まれたとき養子は出生国にいてその一員であったという意味で両者の関係は全体と部分あるいは連続的であり、その関係は「換喩」的といえる。[*6] そしてレヴィ＝ストロースによれば、換喩的関係はカーストの関係である。カーストと言うときレヴィ＝ストロースが着目しているのは、職業という文化的営みによって人間集団が差異化され階層化されるという点であろう。動植物という自然種によるのではなく、人が日々の生活で従事することになる職能によって人は分類されるのである（従って人と仕事は連続しており、それ故換喩的である）。だとしたら、同じように換喩的な出生国がどうして養子のトーテムということができるだろうか。

しかしレヴィ＝ストロース自身は、トーテミズムの社会とカーストの社会に類似性を見出している。インドのカースト制社会について次のような言及が見られる。

氏族名に用いられた製造品は、トーテム動物やトーテム植物と同じように、特別の崇敬の対象になっている。結婚式のときにそれを祀る場合もあるし、また尊崇が奇妙な独特の形をとることもある。たとえばビル族では、割れ瓶の氏族のものは、ある種の陶器の破片を集めて墓を作ってやらなければならない。*7

またカーストとトーテミズムとの間には連続性があることも述べている。

ムンダ族では、外婚制の氏族が三百四十数えられ、それらは大多数が動植物をトーテムとし、それを食べることを禁じられている。ところが、ここではすでに、満月、月光、虹、十二ヶ月の名、曜日の名、銅の腕輪、ベランダ、日傘、籠つくりや燈明持ちのような職業ないしカーストなど、違った種類のトーテムがある。もっと西へ行って、ビル族の四十三氏族の名は、植物十九、動物十七、物品七に分けられる。物品は、短刀、割れ瓶、村落、とげつき棒、腕輪、足首輪、パン切れである。*8

従って文化の領域に属するものがトーテムとなるのは奇妙なことではないのだ。

トーテムとしての出生国がもつ差別性

トーテミズムを人間と自然の関わりの一形式と捉えたティム・インゴルドは、トーテム種とそれを崇敬する人間が、土地を媒介にして身体的実質を共有する祖先と子孫の関係にあると述べた。[*9] つまり同じ領域に属する連続した換喩的関係にあることになる。フィリップ・デスコラも同じ属性を共有する故にトーテム種と人間は共通のクラスに属すると述べている。[*10]

文化の領域に属するものもトーテムとなること、トーテムと人間の関係は換喩的であることを考えるなら、出生国は養子のトーテムなのである。既に述べたように養子と出生国の関係も換喩的だからである。出生国とは、養子がたまたまそこに生まれ落ちた場所ではない。そこは養子の生物学的母親が市民として帰属していると思われている国である。養子の生物学的（つまり自然の）起源が出生国なのだ。（出生国という）空間は（生物学的起源あるいは由来という）時間に等しくなる。養子はあたかも出生国という場所に生物学的に根ざしているかのように語られる。だから、生物学的ルーツを同じくする出生国の同朋の性質を養子も共有することになる。

しかし、だとしたら、トーテムとしての出生国の果たす役割は何なのか。

国際養子は、スウェーデンに生まれ育った生粋の「白人」スウェーデン人からも区別される。生粋の「白人」スウェーデン人は当然ながら移民ではなく、スウェーデンにルーツを有している。その彼らと区別される養子に出生国がトーテムとして切り離せないとしたら、それは、養子として出生国から移住してきた「養子縁組のための移民」(adoptive migration)という歴史を想起させる記憶装置といえよう。だがそれ以上に、トーテムとしての出生国は、人が「自然に」切望する生物学的起源と同一視される。しかしそれは養子その人にとってというより、養子縁組の専門家や養子の周囲の人間にとってである(そこには養父母も含まれることがある)。彼らにとってルーツや生物学的母を切望し、出生国へのあこがれを感じないというのは「自然な」ことではないのだ。多くの国際養子たちが自分をスウェーデン人と自己規定しているのにもかかわらず、そのような養子たちがスウェーデンにノスタルジーを感じるというのは、周囲の人にはありえないことなのだ。それは「白人」スウェーデン人の特権なのである。トーテムとしての出生国は、このことを養子の周囲にいる人々に思い起こさせる。

しかし、養子が受け入れ国にノスタルジーを感じることは決してあり得ないことではない。デンマークの自治領(国家元首はデンマーク国王であるが、国防と外交以外の権限をもつ自治政府を有しており、域内の行政は自治政府によって行われている)であるフェロー諸島に住むマリアンヌは韓国人養女である。彼女は一九七一年生まれ、生後一歳半の一九七三年にフェロー諸島に来た。養母とともにフェロー諸島の飛行場に着いたとき、韓国というどこか知らない場所から来た女の子を一目見ようと、すべての家の人が集まったという。彼らが彼女を見て思ったのは「そんなに見た目が違わないじゃない」ということだった。彼女の養子縁組が島で物議を醸すということもなく、彼女は受け入れられ島の生活に溶け込んでいった。

私は韓国からの最初の養子だったけれど特別なことは何もなく、幼稚園で誰かがわざわざ何か言ってくるということもなかった。

外見の違いはもちろん気になったが大きな問題ではなかった。それが私なんだし、外見をかえることはできないし。それに皆が私をフェロー諸島の人間だということをわかっていた。

彼女は高校を卒業すると、他の多くのフェロー諸島民のようにデンマークへ学びに行ったが、なじめず、一年半でフェローに戻ってきた。それからずっと島で生活している。進学や就職のためデンマークで暮らすフェロー諸島民のほとんどがいつか島に戻りたいと思っており、また多くの人がそうするのだが、彼女もフェローのこのメンタリティを共有していたと言えるだろう。また一六歳のとき一年間コロンビアへ留学した。しかしそのときも以下のような思いを抱いたと述べている。

本当の故郷はフェロー諸島だと思っていた。韓国ではなかった。韓国や韓国民とつながりを持とうとは思ってなかった。彼らは別の文化を持ち、彼らと私は同じ民族ではないと思っていた。

マリアンヌがノスタルジーを感じるのは韓国ではなく、フェロー諸島、すなわちデンマークから差異化されたフェロー諸島なのである。

にもかかわらず出生国がトーテムとして機能するとき、養子たちはあたかも出生国の市民や出生国からの移民と同じカテゴリーに属する者として扱われているかのようだ。だとしたら、トーテムとしての出生国は差別的である。さらにそれは、出生国にあこがれを感じない養子は自然ではないと、周囲の人に彼らを異常視させるおそれがある。その意味でも差別的なのである。レヴィ＝ストロース以前の人類学が自文化中心主義的な幻想をトーテミズムに結びつけたように、トーテムとしての出生国も生物学的ルーツの希求という幻想と結びついているのである。

3　トーテミズムとノスタルジア

トーテミズムを人間化した西洋文明

もちろん、このトーテミズムをヨーロッパに伝統的なものとみなすことはできない。限られた領土を持ちそこに住む人たちが同じ一つの民族であるという国民国家とは、近代になって登場してきたものだからだ。[*11] そうだとしたら、トーテムとしての出生国は西洋の思考様式に根ざしたものではないということになるのだろうか。

『野生の思考』第八章でレヴィ=ストロースは、ヨーロッパとアジアの大文明地域にはトーテミズムにつながるようなものは、痕跡の状態においてさえもきれいさっぱり存在しないと述べている。

これらの文明は自らを歴史によって説明することを選択したのであり、その企図は、有限群を使って事物や存在（自然存在としての動物、社会存在としての人間）を分類する企図とは両立しないからではなかろうか？　トーテム分類は、たしかに群（集団）を原系列と派生系列にわける。原系列には超自然的な相の下において動植物が含まれる。派生系列には文化的な相の下において人間集団が含まれる。そして前者が後者をいわば生み出したのであるから、前者は後者より前から存在していたと主張するのである。とは言うものの、原系列は動物種および自然種として、通時態の中に人間系列とともに生き続けている。それは両系列が現実に存在するものではあるが、その中で無時間的待遇を与えられている。両系列は時間の中に存在するものであって、分離したときのまま、いまも相並んで時間の流れの中を漕ぎ進んでいるからである。原系列はいまもちゃんと存在していて、必要があればいつでも、派生系列に起こる変化を解釈したり修正したりするための基準体系となる。実際的にはそうでないかも知れないが理論的には、歴史は体系に従属しているのである。

それに対し、ある社会が歴史の側に立つとき、有限集団に分類することは不可能となる。なぜなら、派生系列は原系列を写すのではなくて、それといっしょになってただ一つの系列を作ってしまうからである。[*12]

つまり、歴史的文明の中で、原系列（自然、動植物）と派生系列（文化、人間）は、非連続的な相同の関係にあるのではなく、時間の変動の中で連続した進化の関係で捉えられるのであり、分類体系を構築しないことになる。だから原系列と派生系列が並存する北アメリカ先住民やオーストラリア先住民のようなトーテミズムは見られないというのである。[*13]

しかしトーテミズムとカーストは類似し連続的に捉えることが可能であり、トーテムと人間の間に換喩的関係も見出せるのだから、トーテムと人間との間に隠喩的関係があるという意味でのトーテミズムは見出せないにしても、トーテム的思考がヨーロッパとアジアの大文明地域において作動していないと考えるのは早計である。事実レヴィ＝ストロースは『野生の思考』の第七章で、個々人の性格・個性が西洋ではトーテムと化しているようだと述べている。

西洋ではこの「トーテミズム」が人間化［個人化］されているだけである。西洋文化においては、まるで個人がそれぞれ自分の個性をトーテムとしているかのようである。[*14]

例えばある男性が、勇敢だが慎重に行動し、酒はさほど強くなく、女性には手が早いが女性にもよくもてる人物だとしたら、彼のこの個性は、彼に独自のものとして彼を彼の友人から区別することになる。個性とはすなわち性格やものの考え方や行動のパターンなどの綜合であるが、それが一人一人の人間を他の人間から区別するトーテムといえる。[*15]西洋ではトーテミズムは「人間化」されているのだ。それ故自然種との間に対応を見出すトーテミズムと気づかれないだけなのである。すべての個人がこの個性によって他から区別される。個性とはただ一人の人間にあてはまると考えられているので、以下のような考え方も生まれてくる。

個性という観念が出てくれば、もはや一品種の標本という考え方はあてはまらない。それは、おそらく自然界には存在しない品種もしくは種の一タイプである。（中略）個性とは、いわば「単一個体的」観念である。[*16]ある個人が死ぬとき消滅する個性とは何かと言えば、それはいろいろなものの考え方と行動の一つの綜合体であって、まったく独自でかけがえのないものである。その点で、ある一種の花が、化学的にはすべての植物種と同じ元素からできてはいても、他の種とは異なる独自の綜合体をなしているのと同じである。[*17]

右に引用した最後の文は、SMAPの「世界に一つだけの花」を思い出せば理解しやすいかも知れない。そこでは、一人一人の個性は、「世界に一つだけの花」、つまりある品種の花はただ一つしかないという単一個体に喩えられているのである。

抑圧と排除、閉鎖性の打開

国際養子の場合も同様である。スウェーデンで規模の最も大きい国際養子縁組斡旋団体がアドプフーンセントゥルムである。その職員のエリザベートは、国際養子縁組について、一つとして同じ事例はなく、日々模索中だと述べた。アイルランドのソーシャルワーカーであるルースも同意見だった。

しかしものの考え方や行動の組み合わせ、もしくは綜合の結果としての個性は、一人に限定されるものかもしれないが、ある一種の花が、化学的にはすべての植物種と同じ元素からできているのと同じように、個性の「構成要素」である勇敢とか慎重という細かな特徴は、ただ一人の人間だけにしか見られないものではなく、複数の人間にあてはまるものである。それらは、人を類型化し分類するものとなる。

複数の人間が、「勇敢な人」というカテゴリーつまりトーテムのもとに分けられる。国際養子の場合も「世界に一つだけの花」である個性ではなく、その構成要素（元素）によって類型化されるようだ。出生国にあこがれ訪れたい、生みの母を捜したいという衝動も、そうした構成要素（classifier）である。そしてそれは国際養子に際だったものとみなされている。しかしもともとこの気質は、ホヴェルが言及する国際養子の専門家（73ページ参照）によるなら、人であれば誰にでも備わっているのだから、北アメリカ先住民のトーテム同様「自然」の領域にすることになる。出生国はこの「自然な」個性に対応するものとなる。それは、気質や衝動という内面的・心的トーテムを外的に具現化したものといえるだろう。
しかし出生国（気質的衝動）トーテミズムは、オーストラリア先住民や北アメリカ先住民のトーテミズムと大きく異なる点がある。一人に一つの個性を認めておきながらも、他の同類と異なる考え方や行動を異常視するこのトーテミズムは、排除と抑圧に結びつくのである。しかし「野生の思考」が開化させるトーテミズムはそうではなかった。

未開社会は人間の範囲を部族集団の中だけに限り、その外のものは異人、すなわち汚らわしく野蛮な亜人間としか考えていないし、極端な場合は危険動物ないしは亡霊といった非人間と見る場合さえあると言われてきた。それは根拠のない話ではないし、また正当な場合が多い。しかしながら、トーテム的分類法の本質的機能の一つはまさにこの集団の閉鎖性を打開して、無限界に近い人類観を促進することであるという点がそこでは無視されている。*18

もっともここでレヴィ＝ストロースが言う閉鎖性の打開とは、異なる部族集団にもトーテムを同じくする者たちがいるということが、人間の地平を広げていくことになるということである。アメリカの韓国人養子も、スウェーデンの韓国人養子も出生国が同じ韓国だからということで連帯しネットワークを広げていけるというのであれば、「未開社会」のトーテミズム同様に閉鎖性は打開されているのではないかと思われるかもしれない。それは否定できない。しかしアメリカやスウェーデンという国家の外部ではなく内部に「異人」をつくりだし、集団の内側に向かって閉鎖性の分節を生み出しかねないのが、出生国トーテミズムなのである。統計上、生まれがスウェーデンではない国際養子は今でも「移民」として分類されているのである。国を越えての連帯もこの内部の差別的閉鎖性が生み出したものとも言える。

「ノスタルジア」の発明

もし先述のエリザベートが言うように、国際養子縁組が一つとして同じものではないのなら、生物学的ルーツへのノスタルジアとは、自然の衝動ではなく、心理学者や養子縁組に携わる専門家によって「発明」されたものと考えるべきであろう。*19

国際養子の心理学的研究は、養子が生物学的家族への思いにとらわれるのは精神的に健康ではなく自己肯定感も低いときであることを明らかにしている。*20 マリン・イラマルは、精神的により健全でスウェーデン人としてより安定した自我を形成している養子でも民族的起源に興味を示すことを分析している。私とは誰かというパーソナル・アイデンティティと私は何（国）人なのかというエスニック・アイデンティティを分けて彼女は考察しており、二つのアイデンティティを混同しないよう慎重であるが、彼女の分析から、心が病んでいようとそうでなかろうと、国際養子は起源への関心を示すものであり、それは彼らに生得的なものだと養子縁組の専門家や養父母たちが思い込んでしまうのは、想像に難くない。自己肯定感をもてない養子たちが生物学的家族へ執着するのは、起源を奪われ根無し草になったことにとても傷ついているからだとたやすく解釈されてしまう。[21] この章の冒頭で引用したキムもこの思い込みを共有しているように見える。[22]

しかしすべての韓国人養子が出生国や生物学的母への強い衝動を抑えられないというのは、事実からは遠い。ミアという女性は、一九七〇年に生後六ヶ月でスウェーデン人の養女になった。養父母はその三年後に韓国から今度は男の子を養子に迎えている。彼女は自分を完全なスウェーデン人と思って育ち、養父母も韓国のことを何も教えなかった。現在はスウェーデン文化と出生国の文化両方を身につけているバイカルチャー（ダブルアイデンティティのことをミアはこう表現していた）が好まれているが、ミアが養子になった当時バイカルチャー志向は一般的ではなく、ミアはスウェーデン人としてのみ育てられた。また今日では養親が養子の出生国まで引き取りに出かけていくのが普通だが、彼女のときは首都ストックホルムの近くにあるアーランダ空港で両親が彼女を引き取った。養親が韓国へ行っていたら、直に自分たち自身で韓国文化に接して興味をもったかもしれないが、そうではなかった。それが韓国の文化や習慣について両親から彼女が教わらなかった理由の一つだと思うとミアは語った。しかしだからといってバイカルチャーでないことを残念に思ったわけではない。「自分はスウェーデン人なのだから」。

ミアはスウェーデン南部にあるルンド大学で日本研究を専攻し、日本にも二ヶ月滞在したことがある。そのとき、下関からフェリーで釜山へ渡った。二一歳のときである。養子縁組のときの記録にあった斡旋団体を捜しに行ったのだが、建物もなくなっていて見つからなかった。しかし斡旋団体を見つけることが特別重要だったわけではない。また日本語を勉強していたので、漢字や仮名を読むことはできたが、生まれた国である韓国へ行ったとき、文字がわからず、単に旅行者として来たという気分だったという。時には韓国でそのまま育っていたらどうなったかと考えることもあるが、おそらく孤児院で育っただろうから、養子としてスウェーデンの家族の中で育つよりつらいものになっていたに違いないと語った。

確かに外見は［養］親とは同じではない。しかし仕草やものの考え方は養父母ととてもよく似ている。外見ではなくどう育てられたかが大切であり、同じ価値観や道徳を共有していることが重要でしょ。それに生粋のスウェーデン人と違う外見だからとスウェーデンで人種差別を受けたと感じたことはないわ。

過去という「バックパック」を棄てた韓国人養子

本章の事例2に紹介したビルギットは、心理学者ではなくホテルの支配人だが、棄てられたあるいは棄てられるかもしれないという怖れは、意識しているか否かは別に、いつも養子の心の中にあると言う。そのため生き残ろうという思いや意志も養子の心の中に存在し、それが、他人の顔色を読むのに長けるとか言葉を覚えるのが早いという外面的な特徴となって現れると考えている。

ビルギットと夫は、二〇〇七年に韓国から男の子を養子にした。かつての韓国人養女が養母になったのである。彼女は息子を見ていると幼い頃の自分によく似ていると感じたという。親と別の寝室に寝ようとはしない、親たちが自分を置いて出張に出かけようとするとスーツケースにしがみついて離れないなど。当然ながら個性の類似の理由を「遺伝」や「血のつながり」に求めることはできない。彼女はそれを養取（養子縁組）という出来事に求めた。自分が養取されたという事実に養子が感づくと、棄てられたくなくて生き残ることに貪欲で自己主張的になるのだ。彼女も息子も、「棄てられた」という過去を振り棄てて前向きに生き延びようとしているというのだ。

ビルギット一家

ビルギットは心理学者ではない。しかし彼女のこの分析は興味深い。なぜなら専門家や研究者たちの間で言われるのは、どんなに意識していなくても、またたとえ些細なことでも、生物学的出自や出生国にいたときに体験したという「過去」を養子は必ず背負って受け入れ国の空港に着き、その「過去」は養子のものの考え方・行動、成長に影響を与えるもので、過去は決して捨て去ることができないという「バックパック（リュックサック）」理論だからだ。[*23] ビルギットの理論はそれとは正反対である。

ビルギットも彼女の息子もともに韓国が出生国である。しかしビルギットは、生き残りたいという欲求が韓国という出生国に根ざしたものだとか、韓国に生まれたことによるものだとは言わないのである。

彼女たちは「過去」というバックパックをいちはやく棄てたのである。*24

ビルギットによれば、二〇一四年現在七歳の息子は、自分が母と同じく韓国で生まれデンマークに来たことを理解している。しかし彼が養子だということの意味（ビルギットが生みの母ではなく別の母が韓国にいるかもしれないということ）を十分理解しているかはおぼつかないところがあると言う。生物学はいつも養子の心の中で大きな場所を占めているとはいえない。それはイラマルのような心理学者も認めているところだ。養父母や周囲の人々が、養子縁組という事実をどう説明し、養子とどう接してどのように受け入れるかによって、成長の過程で生物学的絆や起源のもつ意味も大きく変わっていく。国際養子も、一人一人異なる個性というトーテムをもつ、「世界に一つだけの花」なのだ。

では出生国の韓国では、韓国人養子はどう思われているのだろうか。「血は水よりも濃い」とよく言われ、東アジアでは血縁重視のイデオロギーがあると紋切り型のように言われることが多い。だとしたら、韓国人女性が生んだ国際養子も韓国人に違いないと思われているのだろうか。二〇一四年二月に五十代の韓国人二人と三人の韓国人大学生にインタビューしたとき、誰も五月十一日が養子の日（二〇〇五年制定）であることを知らなかった。また誰も韓国人養子が韓国人であるとは認めなかった。父系血縁イデオロギーが強い韓国では、生みの母が未婚のまま妊娠出産した子どもが養子に出され、その父親が誰かわかっていないのなら、彼らが韓国人だとみなされることはない。その意味では血縁イデオロギーがそこに介在しているのだが、養子は受け入れ国の文化の中で育っておりそれ故受け入れ国の市民だと、彼らは言うのである。どこで生まれたのかよりも、育ちが養子のアイデンティティを決めるという意見であった。五十代の女性は、北朝鮮の人間がたとえ親戚であってももはや韓国民ではないのと同じように、国際養子も韓国人ではないと語った。[*25] 韓国人養子が韓国に対してノスタルジーを感じることに、韓国人は懐疑的なのである。だとすると、養子たちは、受け入れ国の人には韓国とのつながりで眼差されるのに、出生国の人からは自分たちとは同じではないと冷淡視されるという、ダブルバインド[*26]的状況に置かれることになる。これがトーテムとしての出生国が孕む問題ではないだろうか。

＊1 Kim, Eleana, Remembering Loss: the Koreaness of Overseas Adopted Korean, in Bergquist, K.J.S., Vonk, M.E., Kim, D.S., Feit, M.D. (eds.) *International Korean Adoption: A fifty-Year History of Policy and Practice*, p.115。引用内の強調は筆者。

＊2 1スウェーデン・クローネは約15円（二〇一五年現在）。

＊3 Howell, Signe, *The Kinning of Foreigners: Transnational Adoption in a Global Perspective*, p.106

＊4 クロード・レヴィ＝ストロース、『野生の思考』、九五ページ

＊5 例えば鳩と鷹という鳥類の世界に属する種を使って人間という異なる領域に属する温和な政治家（「ハト派」）と過激な政治家（「タカ派」）の喩えにするとき、ハトとタカは隠喩metaphorである。

＊6 例えば赤い頭巾をかぶった女の子を「赤頭巾ちゃん」と呼ぶ場合、頭巾は女の子の換喩metonymyである。

＊7 『野生の思考』、一四三ページ

＊8 『野生の思考』、一四二ページ

＊9 Ingold, Tim, Totemism, Animism and the Depiction of Animals, in *The Perception of the Environment: Essays in Livelihood, Dwelling and Skill*参照。

＊10 Descola, Philippe, *Beyond Nature and Culture*, ch.7参照。

＊11 同じく近代になって出現した西洋のトーテミズムとして、

宗教による「キリスト教徒」「マホメット教徒」「異教徒」などの民族分類をあげることができる（増澤知子、『世界宗教の発明　ヨーロッパ普遍主義と多元主義の言説』、九五ページ）。

＊12 『野生の思考』、二七九ページ

＊13 『野生の思考』、二八〇ページ

＊14 『野生の思考』、二五八ページ。［　］内は訳者註。

＊15 同様の指摘は、フェロー諸島の土地の名と人の個性の結びつきを指摘したガフィンの研究にも見られる（Gaffin, Dennis, 1995, *In Place: Spatial and Social Order in a Faeroe Islands Community*, p.113）。

＊16 『野生の思考』、二五七ページ

＊17 『野生の思考』、二五七―二五八ページ

＊18 『野生の思考』、一九九ページ

＊19 ここでいう「発明」（invention）は、ホブズボームやレンジャーらの『伝統の発明』やニコラス・ローズの心理学による自我の発明という議論を念頭においている（Hobsbaum and T. Ranger (eds.) , *The Invention of Tradition*, Nikolas Rose, *Inventing Our Selves* Pressなど参照）。

＊20 Irhammar, Malin, Meaning of Biological and Ethnic Origin in Adoptees Born Abroad, in Rygvold, A-L, Dalen,M. and B. Saeterdal (eds.) *Mine-Yours-Ours and Theirs: Adoption, Changing Kinship and Family Patterns*, p.180

＊21 De Grave, Katrien, The Limits of Intimate Citizenship: Reproduction of difference in Flemish-Ethiopian 'Adoption Cultures', *Bioethics* 24(7), p.368

＊22 Kim, Eleana, Remembering Loss: the Koreaness of Overseas Adopted Korean

＊23 Howell, Signe, *The Kinning of Foreigners: Transnational Adoption in a Global Perspective*, p.92

＊24 棄てられたという過去を背負っているから、その過去を棄てたことによって何がしかの人格が形成されるのも、バックパック理論にあてはまるという理屈も成り立つだろうが、しかしそれに従うなら、どのような生い立ちであれ養子は棄てられたというそのことによって何らかの問題をはじめから抱えている可能性があることになってしまう。そのような独断的予見こそ問題である。

＊25 同様のことは、自らが韓国人養女であったフランス人人類学者のプレバンも述べている（Prébin, Elise, *Meeting Once More:The Korean Side of Transnational Adoption*, pp.87-88）。

＊26 グレゴリー・ベイトソン、「ダブルバインド」、『精神の生態学』参照。

第4章 出自を知る権利

国際養子のルーツへのノスタルジーを考える時に
注目したい問題に「出自を知る権利」がある。
本章では、このテーマに関して、人権面への配慮から発展してきた
法整備の現状、「自己の真理を知る」という
哲学的視点から見た際の普遍性などを論じていく。
しかし、スウェーデンでの実地調査からみえてくるのは、
この権利に関しても当事者とそれ以外の人間の持つ
温度差―「幻想」の大きさである。

1 出生国幻想と法律

子どもの権利を最優先するスウェーデン法

出生国や生みの親への国際養子のノスタルジーという幻想を考えるとき、忘れてはならないのが、提供配偶子（特に精子提供）で生まれた人の出自を知る権利についての議論である。

以下の議論のために基本的な術語を解説しておこう。配偶子とは精子もしくは卵子のことである。自然の性交渉によっても二年間妊娠に至らないことを不妊という。不妊治療で行われる施術としてまず人工授精（Artificial Insemination: AI）があげられる。人工授精は、子宮内もしくは卵管内に精子を直接人工的に注入して授精を試みることで、夫の精子を使う配偶者間人工授精（Artificial Insemination by Husband: AIH）と、夫以外の男性から提供された精子を使う非配偶者間人工授精（Donor Insemination: DI）がある。精液検査を含む不妊症スクリーニングで異常所見が見つからない機能性不妊症や、精子が少ない場合などにＤＩが試みられる。体外受精（In Vetro Fertilization: IVF）とは、女性の体外（シャーレ）で精子と卵子の受精を試みる方法で、受精卵（胚）ができたら子宮に移植して着床・妊娠を待つ［図1］。ガンにかかり卵巣を摘出したが子宮はあるという女性が妊娠出産を望む場合などには、第三者から卵子を提供してもらい、女性の夫の精子を用いて体外受精を試みる。これを提供卵子による体外受精あるいは卵子提供（Oocyte Donation）という。また提供精子によるＩＶＦもある。*1

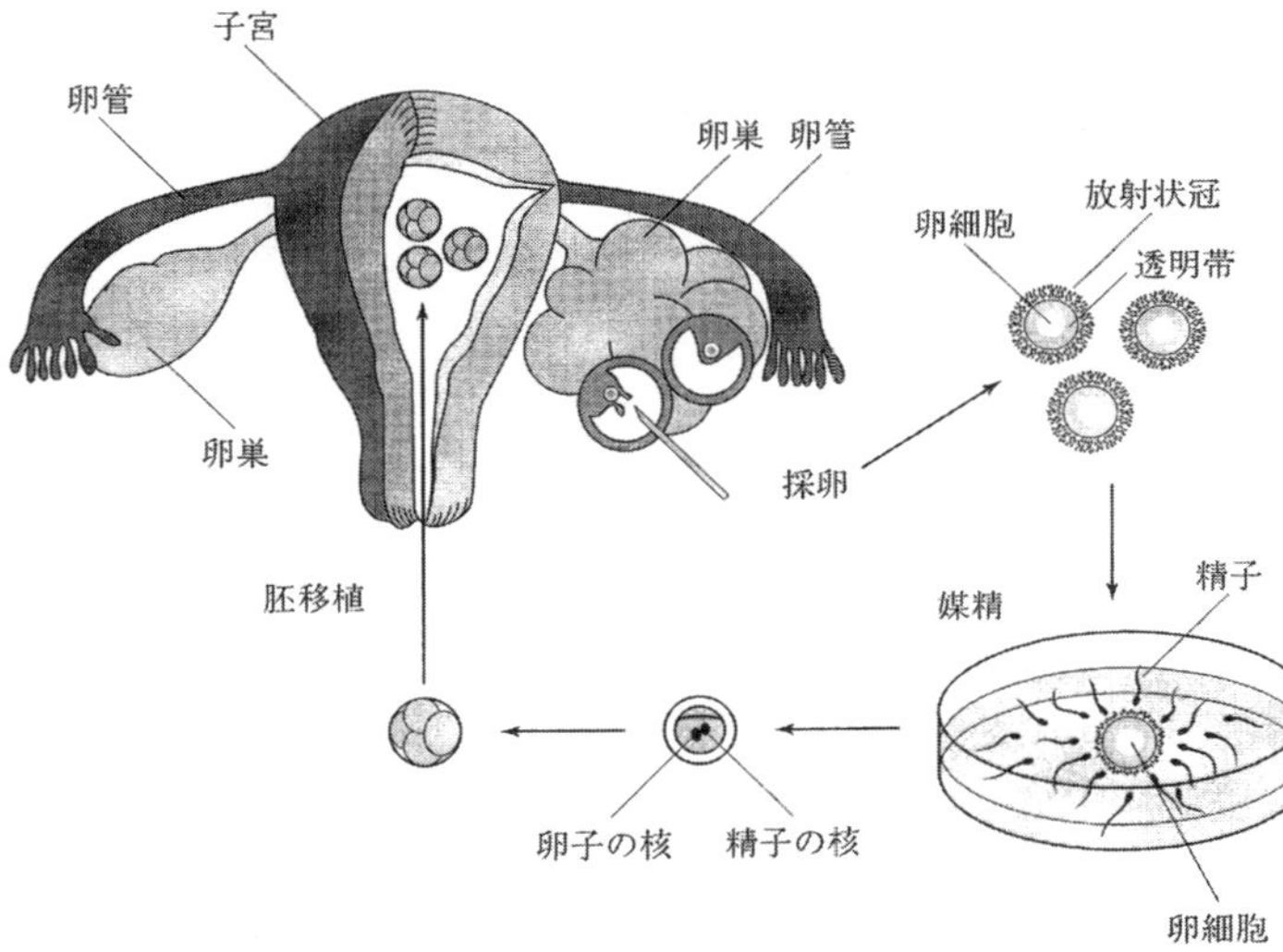

図1 石原理作成『現代生殖医療』(世界思想社)より

スウェーデンは人工授精法を一九八四年に制定し一九八五年から施行した。この法では精子提供者（ドナー）は非匿名が義務づけられ、提供精子によって生まれた人にはドナーがどこの誰であるかを知る権利が保障された。

スウェーデンではじめて提供精子による非配偶者間人工授精（以下DIと記す）が試みられたのは一九二〇年代後半といわれるが、急激にDIの出生件数が増加してきたのは一九七〇年代後半からである。[*2] そこで人工授精に関する法的規制とDIで生まれた人（以下DI児）の法的保護をどのように定めるかが政府の委員会で検討され、一九八四年の法成立に至った。

それまでは法的規制の対象外になっていた人工授精の実施に対して法的な枠をはめたという点で、スウェーデンの人工授精法には大きな意義があるといえるが、その特色を述べると以下のようにまとめることができる。

1　法はＤＩだけでなく配偶者間人工授精についても適用されるが、体外受精には適用されない。

2　人工授精を受けるものは婚姻しているカップルまたは事実婚関係にあるカップルでなければならず、独身の女性には人工授精を受ける権利は認められない。最初から片親しかいないのは子のためにならず、国家は子どもの不利益になることに加担すべきではないという理由からである。

3　婚姻中もしくは内縁関係にあるカップルが人工授精を受ける場合は事前に男性の署名入りの同意書が必要である。

4　ＤＩは国立の病院のみに限定して行われる（七つの大学病院が指定された）。国が監督責任をもつためである。そして精子提供者の選択は担当医の専管事項であり、ＤＩを受けるカップルには選択権は与えられない。担当医および病院は、精子提供者の資料を七〇年間保存する義務がある。

5　ＤＩ児は自己の出自を知る権利が保障されている。ＤＩ児は十分な判断力をもった年齢に達したら［運用上、成人年齢である一八歳とされている］、自分の生物学上の父すなわち精子提供者が誰であるかを知る権利を行使することが認められている。しかしこの権利が認められるのはＤＩ児のみであって、その親つまりＤＩを行ったカップルには認められていない。

6 人工授精を実施する病院は実施資料を裁判所に提出する義務がある。人工授精は秘密保持事項とされているが、DI児の父性（親権をもつ男性）について争いが生じたら、裁判所は病院に資料提示を求める権限がある。

7 スウェーデン国内への冷凍精子の搬入の禁止。

生殖医療とその法的規制の歴史において、とりわけ人工授精法が注目されるのは、右の特色の五番目のものである。DI児が出自を知る権利を行使できるためには、ドナーがどこの誰であるかその記録が保管され求めに応じて開示されるということが不可欠である。それはドナーが匿名のままでいることはできないということ、つまり精子提供は非匿名で行われるということである。

これは時代の趨勢に反した画期的なことであった。当時DIは匿名が普通であった。世界初の体外受精児が一九七八年七月に生まれたイギリスでは、生殖医療が家族関係や社会に与える影響を勘案して一九九〇年「ヒトの受精と胚研究に関する」法、通称HFE法を定めた。しかし生殖医療に関する法律として先端をいくHFE法においても、配偶子（精子と卵子）提供は匿名と定められ、非匿名に改正されたのは二〇〇五年になってからであった。スウェーデンの隣国であるノルウェーでは二〇〇三年に非匿名化ということを斟酌すると、スウェーデンの人工授精法がいかに世界に先駆けていたかがわかる。時代の趨勢と異なっていてもドナーを非匿名にしたのは、生物学的由来を知ることがDI児のアイデンティティの根幹に関わると、スウェーデン社会が考えていたからといえよう。

またこの法律の施行にあわせてスウェーデンの親子法が改正され同時に施行された。そこでは婚姻中あるいは内縁の妻がＤＩを受けることに同意した夫がＤＩ児の父であり、夫がＤＩ児に対して父子関係不存在確認の宣告を求める訴えはできないと定めている。これによってＤＩ児が法的には誰の子どもであるかが定められ、その地位が保護されることとなった。

こうした立法化にはさらに社会的背景がある。

「ハパランダ事件[*3]」を契機に進んだ法整備

子どもの人権に配慮するというリベラルな社会意識のもと、一九七六年にスウェーデン親子法が改正され、嫡出制度が廃止された。これによって嫡出・非嫡出の区別がなくなり、それまであった嫡出否認制度そのものが法律として存在し得なくなった。残されたのは、生まれてきた子と法律上の父親との間に実際上の（生物学上のあるいは遺伝子上の）父子関係があるか否かを問うことだけであった。法的父親は、生まれてきた子が自分の子どもとみなせない場合には、「親子関係不存在確認の宣言を求める訴え」を裁判所に提出できるようになった[*4]。これによって父親の確定は、生物学的つながりという客観的事実が存在するか否かという「真実主義」「客観主義」によるものとなった。また育ての父とは別に「本当の父」がいる場合には、後者を捜すことが子どものためであるという考え方が強調されるようになった。

ＤＩ児には、当然のことながら法律上の父との間に生物学的な意味での親子関係が存在しない。従って法律上の父は「親子関係不存在確認宣言を求める訴え」ができる。一九七六年の法改正時にこれをどうすべきか検討されるべきであったが、そのようなことは起きないだろうという楽観論が支配的であったため議論されなかった。そこに起きたのが一九八一年のハパランダ事件である。

この事件の夫と妻は一九七〇年に結婚したが子どもができず、検査の結果、夫の側に妊娠能力がないことが判明した。そこで夫婦は一九七八年春から秋までの間に四回ＤＩを試みて一九七九年に妻は男児を出産した。しかし夫の不妊が判明してから夫婦の関係は冷え出し、最後のＤＩのとき、夫の反対にもかかわらず妻はＤＩを試みた。その結果の妊娠に夫婦関係は改善するかに見えたが、男児が生まれるのを待って夫は、一九八一年四月スウェーデンの北端にある街ハパランダの地方裁判所に離婚の申し立てと、その子を被告とした「父子関係不存在確認の宣告」を求める訴えを提起した。

この裁判は最高裁まで争われた。その経過の詳細は省くが、原告（法律上の夫）と被告（ＤＩ男児）の間には、父子関係は存在しないことが確定した。これによって、当時二〇〇〇人は下らないといわれたスウェーデンのＤＩ児には、それまで本当の父親と信じていた男性から「お前は私の子ではない」と宣告され、その結果父を失う危険が出てきたのである。[*5]

そこでこの事件を契機としてスウェーデン政府はＤＩ児の保護を含めた人工授精全般の問題を考える特別調査委員会を設置した。その成果が人工授精法と再度の親子法改正なのである。これにより、既に述べたように、婚姻中の夫もしくは内縁の夫が妻のＤＩに同意しかつＤＩによって子どもが生まれた場合、夫はＤＩ児に父子関係不存在確認宣告を求める訴えができないと定められた。つまり彼がＤＩ児の法律上の父なのである。

かくしてＤＩ児の身分は定まった。生物学的につながりがないにせよ、彼もしくは彼女には法律上の父親あるいは保護者がいることになる。ならばなぜその上に出自を知る権利まで認めることにしたのだろう。

スウェーデンの隣国のデンマークでは二〇一二年の法改正までＤＩは匿名であったが、[*6] ＤＩ児の父は生んだ女性の夫と定められていたから、それで何ら問題は生じなかったし、今でも特に生じていないという。[*7] 調査委員会では、父子関係不存在確認で敗訴した場合、子どもは二度と父親に巡り会うことがなくなり、それは子どもにとって不利益であると考えられたからというが、[*8] 生んだ女性のパートナーが父であると定めれば、生んだ女性とその男性が離婚しても、男性がＤＩ児の法律上の父であることは変わりないのだから、父親がいないことにはならない。またそもそもドナーが匿名なら、不存在確認の訴えをするしないにかかわらず、生物学的父親に巡り会えないことに変わりはない。

従って不存在確認の訴えとは別に、生物学上の父を知ることが子どもにとっての大切な権利だと考える雰囲気が委員会にあったということだろう。おそらくそこには、父子関係とは生物学的・遺伝子的関係であるという客観主義・事実主義がスウェーデン社会に定着していたという背景があったことも推察できる。

またDI児が、ある日突然自分がDIで生まれてきたことを知って受ける衝撃は、きわめて大きいことが予想される。出生の事実を隠され両親に裏切られたという思いも抱くに違いない。その衝撃を少なくするためできるだけ早い時期に法的親はDIの事実を告げるべきだ、そしてDIの事実を知ったのであればDI児が生物学的父を知ることができるようにしておくべきだと、出自を知る権利を認めることに賛成する調査委員たちは、考えたのだろう。一六歳の少女が、両親の離婚に際してはじめて自分がDIで生まれた事実を知り、ドナーを知りたいとDIを行った病院に申し出たということが実際にあったと、リンショーピン大学でDIの研究に携わっているグニラ・シィドショー教授は語ったが、[*9] こうした事態を、人工授精法を検討した委員会は憂慮したのであろう。

スウェーデンでは、人工授精法制定後、生殖医療の進展に伴い体外受精法を制定している（一九八八年制定、二〇〇二年改正）。改正された体外受精法では、提供精子と提供卵子による体外受精が認められているが、精子・卵子を問わず提供者をいずれも非匿名にするという方針は変わらず、生まれた子どもは一八歳になれば、DI児同様出自を知る権利を行使できる。[*10] 卵子提供で生まれた子どもは、遺伝子上の母（法律上の母が妊娠・分娩した母であるからドナーを生物学的母と呼ぶことはできない）が誰であるかを知ることができる。また今日では、レズビアンのカップルもDI、提供精子によるIVFを受けることが可能である（シングルの女性は二〇一五年秋から実施可能）。

親子関係が遺伝子の関係に基づくものであり、子どもが遺伝子上の親を知る権利をもつことを法律で保障し、ドナーの非匿名をオープンに受け入れているのがスウェーデン社会である。そのような社会において、育ての親と生みの親が異なる国際養子たちも、精子ドナーを知りたいと申し出た一六歳の少女のように、生みの親を捜したがるものだという考えが広がっても不思議ではないだろう。

2 他者の名前

「誰それの子」の不在性

出自を知るとはこのように、スウェーデンに限らず現代の欧米で、自己の根幹に関わり、本当の自分とは何かを知るために不可欠なことだと思われている。スウェーデンの隣国ノルウェーでは長らく精子提供は匿名であったが、二〇〇三年の法改正で精子提供はＤＩにせよＩＶＦにせよ非匿名と決まった。このときの議論を検討したノルウェーの社会人類学者マリット・メルヒュースによれば、子どもに生物学的・遺伝的起源を知る権利を認めないのは、自分自身を知る権利を認めないことだとみなされたという。[*11] 出自を知るのは、自分自身の真実、フランスの著名な思想家ミシェル・フーコーをきどるなら、自己の真理を知ることなのである。

フーコーは、自己の真理を告白するという真理陳述が、キリスト教の歴史や一九世紀の精神医学において、なぜ執拗に問題にされ、そしてそれがいかに出現したかを問おうとしている。[*12] 自らの告白という形式ではなく、記録を保管している機関の告知という形式をとるという違いはあるものの、生殖医療や国際養子縁組においても、自己の真理を知ることが執拗に問いかけられていることは、これまでみてきたことからも明らかだろう。しかしこの真理とはそもそも何だろうか。DI児や養子は何を知るのだろうか。

ドナーが誰であるか、生みの親が誰であるかを知るとは、まず彼らの個人名を知るということである。ドナーや生みの親という他者の名前を知ることが自己の真理への第一歩なのである。DI児や国際養子は、他者の名前を知ることによって、自らを「誰それの（遺伝子上の）子」として規定し直すことを試みると想定される。一八歳になったDI児が知る権利を行使すると、彼あるいは彼女はドナーの名前とその身分番号（スウェーデン市民として与えられているもの）を教えられる。[*13] 社会的父や母から与えられた自らの個人名だけではなく、ドナーや生みの母という他者との関係性によって自らを理解しようとするのである。

『野生の思考』第七章には、「誰それの子」に類似したテクノニム（翻訳では「親名」と訳されている）をめぐる議論がある。[*14] そこでの分析を参考にしながら「誰それの子」を考えてみよう。

ボルネオのプナン（邦訳ではペナン）では呼びかけの言葉として、個人名、テクノニム、ネクロニム（翻訳では喪名）がある。テクノニムは「誰それの父」「誰それの母」と呼びかけるもので、ネクロニムは、死んだ親族と当人の関係を表す言葉である。子どもが自分の個人名で呼ばれるのは親族の誰かが死ぬまでで、例えば祖父が亡くなるとTuponという名称で呼ばれる。親戚の他の誰かが亡くなれば、その関係に応じた別のネクロニムで呼ばれることになり、プナンでは結婚して子どもが生まれるまで六、七つのネクロニムで呼ばれる。結婚して子どもが生まれると父親と母親は、子どもとの関係を示すテクノニムで呼ばれる。子どもは個人名で呼ばれるが、子どもの名がAwingならTama Awing（Awingの父）、Tinen Awing（Awingの母）のように。また子ども、例えば最初の子が死ぬとその関係に即したネクロニムで呼ばれ、次に子どもが生まれるまでそれが続く。新しい子が生まれたらその子の名前を用いたテクノニムで呼ばれる。

ネクロニムは他者との関係を表すが、その関係が消滅したことを明らかにするものであるとレヴィ＝ストロースは言う。一方テクノニムは個人名（本人のではない）が含まれているから他の自己への関係を表すが、子どもが生まれたとき親を本名で呼ぶことが禁止されるのは、彼らが「死者」となったからであり、それ故、彼らはその個人名によって彼ら本人として呼ばれることがないのだと解釈している。[*15]

「誰それの子」[*16] はテクノニムのように人に対する呼びかけの言葉ではない。この関係は法的に承認された正式な関係とは認められない。[*17]「誰それの子」はプナンのネクロニムに似て、法的親子関係や社会的関係の不存在を示すものなのであり、出自を知ったからといってドナーに会いに行く・会うことができるとは限らないのであれば、「誰それ」という他者との社会関係を新たに開始させるものともいいがたい。またプナンのテクノニムが呼びかけられる者の「死」を表すとしたら、「誰それの子」はＤＩ児や養子が（法的・社会的に）生まれる以前の関係、未生の関係を示すものである。

このように「誰それの子」は、ドナーとの間に生きた関係がないことを前提にしており、また今後も関係が成り立ち得ないことを示すものでもあるが、「誰それの子」であることを発見するのは、メルヒュースの言うように、自分自身の真実を知ることだとさえ思われているのである。

「自己の真理を知ることの正しさ」の幻想

フーコーによれば、自己の真理を明らかにすることが知の一つのあり方であるという考え方は、西洋では古代ギリシアの悲劇作家ソポクレスによる『オイディプス王』まで遡ることができ、それは司法的な統治と深く関わっている。[*18] ここで簡単にオイディプスの物語をまとめておこう。

テーバイの王の後継者であるライオスは、王位を奪われペロポネソス王ペロプスのもとに亡命していたとき、ペロプスの息子クリュシッポスに同性愛の感情を抱き、クリュシッポスを誘拐し死に至らしめた。怒ったペロプスはライオスがもし男の子をもうければ必ずその子に殺されるという呪いをかける。やがてテーバイに戻って王位を継いだライオスは、アポロンの神託によって自分の息子に生命を奪われる運命にあると宣告されたので、妻イオカステと夫婦の交わりをもたぬよう慎重にしていたが、あるとき酒に酔いイオカステと交わってしまい、彼女は男の子を生んだ。預言を恐れたライオスは、赤ん坊の両方の脚のかかとをピンで刺しぬいた上で、牧人に命じてキタイロンの山中に棄てさせた。しかし赤ん坊は隣国コリントスの王の家来である羊飼いによって助けられ、子どものいなかったコリントス王ポリュポスとその妃メロペの養子になり、オイディプスと名づけられた。

オイディプスは、アポロンの神託から生まれ故郷に行けば父を殺害し母と交わると告げられた。そのため、コリントを生まれ故郷と信じていたオイディプスは、コリントに足を踏み入れぬ決心をしてテーバイに向かった。その途中の山道の三叉路で、道をあけよと一方的に命ずる傲慢な老人の態度に激昂したオイディプスは、老人を供の者たちもろとも殺害してしまう。この老人が、オイディプスの実の父ライオスであった。スフィンクスの謎に苦しめられていたテーバイに来たオイディプスは、その謎をといてテーバイを救いその王となり、イオカステ（生みの母である）を妻として、彼らの間に子どもが生まれた。

しばらくは繁栄していたテーバイは、突然疫病に見舞われ大地も家畜も不毛になり、女たちも子を生まなくなった。オイディプスはイオカステの弟であるクレオンをデルポイに派遣し、そのアポロンの神託に、災厄の原因を尋ねさせた。クレオンの持ち帰った神託は、先王ライオスを殺した犯人が罰を受けずにテーバイで暮らしていることが原因であり、犯人を捜して追放すれば災厄は止むというものだった。オイディプスはそこで自ら真相解明に乗り出しライオス殺害の犯人をつきとめようとする。しかし、自らがその犯人であり、彼は父殺しをして母と交わったという真実を明るみに出してしまう。オイディプスよりいち早く真相に達したイオカステは首をつり自殺し、オイディプスも我が眼をつぶして盲目となり、テーバイから追放された。*19

しかし、アポロンの神託が、犯人はオイディプスだと告げたのではなかった。テーバイをおそった災厄の原因を探ろうとアポロンの神託にうかがいをたてても、テーバイの先王ライオス殺しまでは明らかにされるものの、その犯人までは明かされない。そこで占術者テイレシアスが呼ばれたが、彼も返答を渋る。怒ったオイディプスは、テイレシアスが犯人なのではないかとなじると、テイレシアスはオイディプスこそが犯人だと告げてしまう。そのときオイディプスには自分自身が一つの謎となる。テイレシアスに自分が究明しようとしている殺人事件の犯人だと言われたのが、彼自身に他ならなかったからだ。オイディプスに罵倒されたテイレシアスが、自分は「あなたの目には愚か者だが、あなたを生んだ父母にとってはちゃんとした人間だった」とオイディプスに言ったとき、オイディプスに自分は誰かという疑念がわき起こる。

それは誰のことだ。待て。いったい誰がおれを生んだというのだ。[*20]

オイディプスは、目撃者である証人を召喚してライオス殺人事件の真相を究明解明しようとする。解き明かすべき謎とは、彼自身である。

テライオス殺害時の状況を証言した者とは実は、コリントスの羊飼いにオイディプスをゆだねたテーバイの羊飼いであり、彼自身はイオカステから赤ん坊を手渡されていたのだ。その者を証人に呼び寄せようとするときオイディプスは言う。

なんなりと巻き起これ！　自分の素性を、おれは、それがいかに賤しくも、見届けたいのだ。
……おれの素性を底の底まで探ってみせるぞ！[*21]。

明らかにされるのは、オイディプス自身の隠れた正体なのであり、彼によってなされたのは自己の真理の解明であった。それ故、フーコーは、はじめて司法的な統治と自己の真理を明らかにしようとする知が結びつくのはソポクレスの『オイディプス王』においてであると、述べたのである。そこには、神託や占術の「真実を告げる語り」から、現場に居合わせた目撃者の語りを証言として重視するという移行が見られるのである[*22]。

自己の真理の解明とは、自分はいったい誰なのかを知ることなのだが、結果的にそれはオイディプスが「誰の子」であるのかを、つまりその「実の父」と「実の母」の名を知ることであった。それらの方が「オイディプス」という養父母がつけた彼自身の名よりも重要なのである。

養子であったオイディプスは自分の生みの親が誰であるか自ら白日の下に晒し、悲劇が訪れたのである。悲劇とは父殺し、母子相姦という罪であり、穢れを知らず知らずに引き起こしてしまったことだが、ライオスとイオカステという名前が悲劇を引き起こしたのである。合唱隊であるコロス（テーバイの長老たち）はオイディプスの悲劇を見てしまったとき「おお、ライオスが子よ[*23]」と嘆くのである。

ＤＩ児や国際養子による出自を知る権利の行使は、長い時の隔たりを超えてオイディプスを見事なまでに反復しているといえないだろうか。「オイディプス王」で、合唱隊であるコロス（テーバイの長老たち）はオイディプスに対して次のように歌う。

汝が定めこそそのためし、
汝が、汝が定めこそ。おおさち幸うすきオイディプス
人の子にはことほぐべきものなべてなし。[*24]

「ためし」とはパラディグム（範例、典型）のことである。自らに悲劇をもたらそうとも、自己の真理を探し出さずにいられないのが人の宿命であるという「オイディプス王」の主題は、ＤＩ児や国際養子（の思いだと周囲が想定するもの）のうちに、その反響を見い出すのである。

フーコーはオイディプスを論じるとき、フランスの古典学者ジャン＝ピエール・ヴェルナンに依拠しながら、オイディプスは二重に断片化された存在であると述べている。

［オイディプスが］ひとつはテーバイに、ひとつはコリントス［コリント］にあった半分として割れたかけらであったことが明らかになります。（中略）オイディプスとは、二つの半分であり、同時に二重の存在なのです。そしてオイディプスの奇怪さはまさに、彼がたえず二重で

あることにあります。というのも、彼は母の息子でも夫でもあり、自分の子供の父でもあり兄でもあるからです。[*25]

戯曲の終わりでオイディプス自身が、「生みの親」の名前を発見し「誰の子」であるかを解明し、断片化していた自らの存在に統一性を復元する。それと同じように、DI児も国際養子も、社会的親と遺伝子上の親が別にいるという意味で、二重に断片化されていると（本人というより周囲に）みなされている。国際養子はダブル・アイデンティティを備えているべきだといわれるが、それは二重に引き裂かれている自己ともいえる。だから彼らもそしてDI児も、「生みの親」の名前をつきとめることで、彼らの「自己の真理」を発見し存在の統一性を復元することが期待されているのだ。オイディプス同様、彼らも自らを発見しようとする「真理の遂行者（オペラトゥール）」[*26]なのである。

レヴィ＝ストロースは『神話論理』後の、「神話と失念」という小論で、適切なコミュニケーションが達成されない状態の三様式を論じている。他者との間でのコミュニケーションの欠如である誤解、他者とのコミュニケーション過剰である口の軽さ、そして他者とではなく自己との間での（自己自身の中での）コミュニケーション欠如である失念が、一つの体系を形成していると述べている。[*27]オイディプスやDI児・国際養子の二重断片化は失念ではない。しかし彼らにも自己の間でのコミュニケーション不全がある（DI児や国際養子の場合は、事実として存在しているというより、そう見なされていると言うべきであるが）。生みの親という他者の名前を知ることは、このコミュニケーション不全を解消する第一歩なのであると古代でも現代でも考えられている。出自を知る権利を子どもに保証するというのは近代的でリベラルな配慮に見えるが、法的手続きに則って出自を知ることが人の真理を明らかにするという考えは、決して近代に出現した近代のみの特徴とはいえないのである。法的手続きにより真理を知るようにと命じ拘束する力を権力の一様態というなら、

真理の現出化と権力の関係が取り結ばれるためには、統治術と政治・経済的・社会的な合理性の間に、近代的な新たな関係が作られる時期を待つ必要はなかったと言うことです。権力行使と真理の現出化が結びついたのはずっと古い時期にはるかに深いレベルにおいてである[*28]

知る権利を行使しないDI児たち

ここで再び本章の主題であった非匿名のDIに戻ろう。リンショーピン大学（スウェーデン）のグニラ・シィドショー教授によると、DI児のうち出自を知る権利を行使するため、親たちがDIを受けた病院に連絡してきた者は、二〇一五年二月はじめまでに一五人である。[*29] 一九八五年から人工授精法が施行されたのだから、出自を知る権利を行使できる者は一九八六年以降にDIで生まれた人たちである。この人たちが推定で三百人から四百人であることを考えると、出自を知ろうと現れ

た人は全体の三・七五％から五％程度とごくわずかであることがわかる。これはどうしてなのだろうか。

スウェーデンの人工授精法は、子どもに対してＤＩの事実を知らせることを、親に義務づけていない。そのため、親がＤＩ児に事実を伝えていない場合があることも予想される。二〇〇〇年に発表された報告では、人工授精法施行以後一九九七年までにＤＩで子どもをもった親たちで調査に応じたカップルのうち一三二組（八九％）が、子どもにＤＩで生まれた事実を伝えておらず、そのうちの二八組（一九％）は伝えるつもりはなく、一六組（一一％）はどうするかわからないと答えている。残りは伝えるつもりだが、いつどうやってという点で迷っていた。[*30] このように親が子どもに伝えていない、つまり子どもはＤＩの事実を知らないから、出自を知る権利を行使しようがないということが考えられる。法の精神と現実の間に乖離があることがわかる。

二〇一二年に発表されたシィドショー教授らの研究報告では、配偶子提供（ＤＩ、提供精子による体外受精、卵子提供）で子どもをもった親たちは事実を告げることに前向きになっており、調査に応じた親たち二一五人のうち七八％は告知を計画しており、三五人（一六％）は既に伝えたと回答している。しかし一三人（六％）は告げるつもりはなく、告知を計画している親たちの中には子どもが聞いてきたら告げるとか（二八人、一七％）、子どもが理解できる年頃になったらと回答する者もいて（五六人、三三％）、果たして確実に告げることができるかは今後の調査を待たなくてはならないが、この調査は、配偶子提供による誕生という事実を子どもに伝えなくてはならないと承知していても、伝えていない親たちが以前と変わらず多くいることを、明らかにしている。*31

しかし具体的数値はわからないものの、子どもに出生の事実を伝えた親がいるということは間違いなく、おそらくそれは一五組以上いるはずである。だとしたら出自を知ろうと現れた人が全体の三・七五％から五％程度という極端に低い割合は、精子提供の事実を知った子どもが、提供者情報を求めて、一八歳になると皆がすぐに病院を訪れるわけでは必ずしもないことも示唆する。シィドショー教授は、「子どもたちの多くは、自分自身が父親や母親になる年齢となったから、クリニックを訪れたのだと思う。自分自身の家族をもつ上で、情報を求めるのだろう」と話した。逆に言えば、ＤＩで生まれた事実（卵子提供で生まれた子ども、提供精子による体外受精で生まれた子どもが一八歳になるのはまだ数年先である）を知ったら、出自をつきとめずにはいられない衝動をＤＩ児が直ちにもつわけではないということである。

世界初の体外受精児を誕生させノーベル医学・生理学賞を受賞したロバート・エドワード博士が開設したボーンホール・クリニック（イギリスのケンブリッジ郊外）でカウンセラーをしていたティム・アップルトン博士は、体外受精で生まれた男の子がスーパーマーケットで妊婦を見たとき、「その赤ちゃんはお腹から生まれるんだね、僕は冷凍されていたんだよ（I am a little frostie、体外受精でできた胚は凍結保存されることからこう言った）」と言ったというエピソードを紹介し、幼いほど柔軟に対応できるから子どもに出生の事実を告げるとしたら早い方がよい、そうすれば思春期になってある日突然ＤＩの事実を知って衝撃を受け、親に裏切られたという思いを抱くことも少ないと語った。*32

フランスのテレビ局が製作したドキュメンタリー番組が紹介しているフランス人カップルは、DIの事実を息子が幼いうちから、「お父さんには子どもをつくる種がないから別のお父さんから種を分けてもらった」と言って聞かせていたという。男の子はそれを素直に受け止め、夫を父親だと思っている。この子にとって赤ん坊が生まれることは病院や実験室と結びつく出来事のようである。[*33]

このように親が幼い頃からDIの事実を語って聞かせれば、育ててくれる男性を本当の父と思い、是が非でもドナーを知りたい願望に駆り立てられることがないというのは十分に考えられる。また ドナーを知りたいと思っていても、調べようと思えばいつでもできるから今すぐ知らなくてもよいと考える人もいるだろう。シィドショー教授が言うように、自分が親になろうとするとき生まれてくる子のために自らの来歴を知っておきたいからという場合もあるだろう。いずれにせよ、「DI児は一八歳になったら出自を知る権利を直ちに行使するはずだ」というのも、「国際養子は生みの親をつきとめずにはいられない」のと同じほどに「幻想」に近いのではないかと再考する必要があるだろう。

＊1 石原理による『生殖革命』や『生殖医療と家族のかたち：先進国スウェーデンの実践』などを参照のこと。

＊2 菱木昭八朗、「スウェーデン人工授精法と改正親子法における人工授精子の父性」、『ジュリスト』八三五、一一五ページ。以下、ここでの記述は特に断りがない限り、菱木のこの論説による。また千葉華月「スウェーデンにおける生殖医療と法的ルール」『生殖医療と医事法』も参照。

*3　以下の記述は、菱木昭八朗「ＡＩＤ人工授精子の父性確定の問題について」『専修法学論集』四〇、一八五―一九四ページに基づく。

*4　次の三つの場合が想定されている。
一　妻が妊娠可能期間中、夫以外の者と性的関係があったことが明白で、また諸般の事情から、生まれてきた子が夫以外の者の子であるということが認められる場合。
二　生まれてきた子の遺伝的特性、その他特別の事情によってあきらかにその子が夫の子とみなされない場合。
三　婚姻前に妻となる女性が妊娠している場合もしくは別居中に妻が妊娠した場合で、夫婦間に性的関係がなかったことが証明される場合。

*5　「スウェーデン人工授精法と改正親子法における人工授精子の父性」、一二一ページ

*6　法改正により、ＤＩを受けるカップル（異性愛のカップルだけでなくレズビアンのカップルも認められている）やシングルの女性およびドナーは匿名か非匿名を選択できる。石原理・出口顯「スカンジナビアにおける第三者の関与する生殖医療」（平成二六年度児童福祉問題調査研究事業『諸外国の生殖補助医療における出自を知る権利の取扱いに関する研究』事業報告書）を参照。

*7　コペンハーゲン大学のアンデッシュ・ニイボ・アンネッセン教授によるコメント（二〇一五年二月五日）。

*8　「スウェーデン人工授精法と改正親子法における人工授精子の父性」、一一八ページ

*9　二〇一五年二月三日のインタビュー。ＤＩ児が情報開示を請求できるのは一八歳になってからということが少女に伝えられたという。

*10　註6の文献参照。

*11　Melhuus, Marit, *'Cyber-Stork Children and the Norwegian Biotechnology Act: Regulating Procreative Practice--Law and Its Effects'* in Shaheeb, Anne Hellum, S. Ali & Anne Griffiths (eds): *From Transnational Relations to Transnational Laws: Northern European Laws at the Cross- roads*, p.59など参照。

*12　例えばミシェル・フーコー『悪をなし真実を言う：ルーヴァン講義１９８１』など参照。

*13　病院によってはドナーになぜドナーになろうとしたか、その動機などを記した手紙やノート等を残すよう求めているという。たいていのＤＩ児はこれで満足してドナーに会いに行くことはないと思うとシィドショー教授は言っている（二〇一五年二月二七日付私信）。

*14　レヴィ＝ストロース、『野生の思考』、二二九―二四〇ページ

*15　この分析には異論・批判がある。例えば吉岡政徳、「名称・呼称・命名法」、『社会人類学年報』四、二三九―二五九

ページ参照。

＊16 「誰それが父である者の子」にはpatronym(ic)という専門用語があるとご教示いただいたのは、オックスフォード大学名誉教授のニック・アレン博士である（二〇一五年三月四日付私信）。例えばアーナルデュル・インドリダソン（Arnaldur Indriðason）というアイスランド人の名前のセカンドネームは、インドリダの息子というpatronymであり、いわゆる姓とか家族名ではない。しかし父と母両方含めて「誰それの子」を指す学術用語はない。またpatro-は、社会的に承認された父を指し、生物学的父をいうのではない。こういう場合は、誤解を招かないためにも新たに造語しない方がよいというアレン博士の忠告に従い、こなれない表現ではあるが、「誰それの子」という言い方を続けることにする。なおデンマークのフェロー諸島の民族誌であるGaffin, Dennis, *In Place: spatial and Social order in a Faeroe Islands Community*, pp.95-96, p.110に、patronym(ic)についての言及がある。

＊17 国際養子の場合、スウェーデンのように、子どもに養取国と出生国の二重国籍を認めている国もあるが、デンマークやノルウェーのように二重国籍を認めていない国もある。また出生国側でも認めない国があるため、生みの親との関係が法的に認められたものとなるのは難しいし、そもそも生みの親をつきとめられない場合がとても多い。

＊18 『悪をなし真実を言う：ルーヴァン講義1981』、ミシェル・フーコー『生者たちの統治：ミシェル・フーコー講義集成9』など参照。

＊19 ソポクレス「オイディプス王」『ギリシア悲劇II　ソポクレス』、吉田敦彦「テバイ伝説とソポクレスの『オイディプス王』」『プロメテウスとオイディプス——ギリシァ的人間観の構造』も参考にした。

＊20 「オイディプス王」、三二三ページ

＊21 「オイディプス王」、三五三ページ

＊22 「ギリシャ演劇から一八世紀末の演劇に至るまで、ヨーロッパ社会における演劇は、（中略）、法をめぐる議論の場となり、その議論に舞台を提供してきたのではないかと思えるくらいです」（『悪をなし真実を言う』、八七ページ）。

＊23 「オイディプス王」、三六〇ページ

＊24 「オイディプス王」、三五九ページ

＊25 『生者たちの統治』、三六－三七ページ。またVernant, J.-P. Ambiguity and Reversal: On the Enigmatic Structure of Oedipus Rex, *Myth and Tragedy in Ancient Greece*、J.-P.ヴェルナン・吉田敦彦、『プロメテウスとオイディプス——ギリシァ的人間観の構造』も参照。

＊26 『生者たちの統治』、六六ページ

＊27 クロード・レヴィ＝ストロース、「神話と失念」、『はる

かなる視線2』、二七五−二七六ページ。レヴィ＝ストロースはこの論文を執筆するときヴェルナンに教示を乞うているが、後にヴェルナン自身もオイディプス神話との関連で跛・吃・失念というディスコミュニケーションを論じている（Vernant, J.-P. The Lame Tyrant: From Oedipus to Periander, *Myth and Tragedy in Ancient Greece*）。

＊28 『生者たちの統治』、一九ページ。［ ］は筆者補足。

＊29 二〇一五年二月三日のリンショーピンでのインタビューによる。

＊30 Gottlieb,C., Lalos, O., and F.Lindblad, Disclosure of Donor Insemination to the Child: The Impact of Swedish Legislation on Couples, Attitudes, *Human Reproduction* 15(9), pp.2052-2056

＊31 Isaksson, S., Sydsjö, G., Skoog Svanberg, A., and C. Lampic, Disclosre Behavior and Intentions among 111 Couples following Treatment with Oocytes or Sperm from Identity-Release Donors: Follow Up at Offspring Age 1-4 Years, *Human Reproduction* 27(10), pp.2998-3007。調査は二〇〇七年から二〇一一年にかけて行われた。親が告知したくないというのは、ドナーという第三者が家族の中に介入し家族関係をかき乱すのをいやがる気持ちがあるからだと思われる。

＊32 二〇〇一年八月二三日の取材による。

＊33 フランス２制作「私の父親はだれ　精子提供者を捜して」（ＮＨＫ総合テレビで一九九六年一〇月二三日放送）

第5章

駆け引きの神話論理

前章まで、『野生の思考』の2つの道のひとつである
「親族・分類」のフィールドで国際養子縁組の孕む様々な問題を考えてきた。
本章ではもうひとつの道である「神話」のフィールドに入っていく。
神話というものが重要なのは、世界の構造を組み替えていく
ヒントがいろいろな形で散りばめられているからだ。
ここでは、本書のテーマである養子縁組につながっていく
「駆け引き」に注目して、日本や南北アメリカの神話をひもといていきたい。

ここでいったん、「親族と分類」という『野生の思考』の一つの道を離れ、「神話」というもう一つの道を進んでみたいと思う。レヴィ＝ストロースによれば神話とは、動物と人間がまだ未分化な世界のはじまりにおいて、いかに事物が今日あるような姿になったかを語るものである。例えばブタと人間が未分化な状態から分化した状態へ移行し、世界に秩序がもたらされる様が語られるが、秩序の基盤となる分化すなわち差異化した状態とは、事物と事物の間に隔たりが導入されることである。隔たりの導入は駆け引きを伴う。そして神話論における駆け引きは、レヴィ＝ストロースを親族関係における駆け引き、すなわち「家」という新たな研究へと、導いていく。序章で述べた二つの道が一つになる。その意味でもこれから取り上げる神話は、重要である。

1 傷つきやすい渡し守

隔たりと媒介

第4章で取り上げたオイディプスについて、レヴィ＝ストロースは神話の構造分析宣言ともいうべき「神話の構造」で取り上げているが、同じ論文の中で北アメリカ先住民神話のトリックスターが、生と死などの対立を媒介する存在であることを指摘している。[*1] それ以降もレヴィ＝ストロースは、隔たりとその媒介に注意を払ってきた。神話とは、ものごとの間にいかに適正な距離が設定されたかを語るものだが、[2]媒介者とは、隔たりを時に縮めたり時に拡大したりして、事物の間の隔たりをほどよいものにする存在なのである。

例えば北アメリカ先住民ポーニーの神話では、村人が死者の霊と交流できるようにするため、霊界の守護者は、村人に小豆を食べさせるようにと主人公に命じる。他方古代ローマの死霊祭では、死霊が家を去るようにと一家の父親が黒豆を後ろ向きに吐き出していく。日本の奄美では、死霊を呼び、ついで死霊があの世から戻ることがないように、炒った大豆をまくシャーマン儀礼がある。このように豆は、生と死の間で二つの世界のコミュニケーションを開いたり断絶する媒介者になるのであると「アメリカのピタゴラス」という論文でレヴィ＝ストロースは論じている。[3]

隔たりをほどよいものにしようとする媒介者と、媒介者に関わるキャラクターのやりとりにも、『神話論理』をはじめとする研究で、レヴィ＝ストロースは関心を払ってきていた。まずは私たちにもなじみのあるものから紹介して、彼の分析を追っていこう。

一九七七年に初来日して以来レヴィ＝ストロースの日本文化への関心は深まり、いくつもの論考を著している。それらのいくつかは死後一冊の書物にまとめられたが、[4]そのうちの一つに、稲羽の白ウサギの神話を取り上げた短いエッセイがある。[5]以下はそれを解説する形で論を進めていく。

よく知られているように、『古事記』で述べられる稲羽の白ウサギは、淤岐（おき）の島から稲羽へ渡ろうとしてワニをだます。

自分とお前の一族の数比べをしよう。一族の全員を集めてこの島から気多の岬まで並び伏させてくれ。その背の上を踏み歩いて数を数えよう。ワニは言われたとおりにするのだが、白ウサギは地面に着く直前にだましたことを伝えると、最後に伏していたワニが白ウサギを捕まえて着物をすっかりはぎ取ってしまう。[*6]

これに類似した神話は『神話論理』の中にも登場する。南アメリカの神話には、レヴィ＝ストロースが「傷つきやすい渡し守」と呼んだモチーフを含む神話がある。そこでは、敵から逃れ水辺に来た主人公がワニ（南アメリカのカイマン）に対岸へ渡してくれるよう懇願する。渡し守は純粋な善意（好意）で主人公を渡そうとするのではなく、食糧と引き替えに、あるいは主人公を食糧として食べようと狙って、渡すことを引き受ける。レヴィ＝ストロースが『神話論理』で取り上げた南アメリカ神話には、以下のようなものがある。

M402[*7]

主人公の若者ベリスアットが母方オジに連れられ村から遠く離れたところに来る。オジはバクに変身する。オジは村に戻るために川を渡るにはどうすればよいかを教える。そこに狩人たちがやってきてバクを殺してしまう。主人公は狩人から逃げ出し、カイマンワニの背に乗って川を渡ろうとした。川のなかほどでワニは臭い息を吐いたが、オジから教えられたとおり香りのいい息だとお世辞をベリスアットは言った。川を渡り終わろうとするときにワニはあとは泳いで渡るがいいと説得した。ワニはベリスアットを呑んでやろうと思っていたからだった。ワニが対岸に近づくのを拒んだので、ベリスアットはワニの背の上から川面に張り出した枝につかまって地面に飛び降りた。そのあとで彼はワニの口が臭いと言い放った。ワニは怒り狂ってなぜ渡っている途中でそう言わなかったのか［いえば直ちに喰ってやることができたのに］と大声で言った。[*8]

対岸に渡ろうとする者が渡し守を侮辱して怒らせる（傷つける）のは、白ウサギがまさにワニにしたことである。白ウサギは陸に足をつける直前ワニたちを嘲笑い彼らをだましたことを明かす。対岸に着きそうになるときに渡し守に襲われる（襲われそうになる）というのも、M402に類似している。

このエピソードは南アメリカだけでなく北アメリカにも広く分布する。『食卓作法の起源』（『神話論理』第三巻）第三部「生きる知恵の規則 I 傷つきやすい渡し守」の最初にレヴィ＝ストロースが紹介するのは、アメリカ中西部大平原地帯の先住民マンダン族の神話である。

M503
賢く慎重な兄「黒い薬草」と、衝動のまま行動し何も恐れない弟「香る薬草」の兄弟がいた。

二人は狩りに出かけたとき竜巻に巻き込まれ、川の中のとある島に着地する。トウモロコシ畑と菜園の真ん中にある「決して死なない老婆」の小屋にたどり着いた二人は老婆の歓迎を受ける。穀物と豊穣の神である老婆の鍋はトウモロコシ粥を無尽蔵に出す鍋だった。二人は動物の肉も食べたいと通りがかったシカを殺すが、老婆から獲物を料理して食べるのは小屋から遠く離れた森の中でなければならないと諭される。ある日老婆は二人に狩りに行くことを禁じる。すると小屋に若い女たちが供物の肉をもってやってくる。女たちはトウモロコシの精霊で、冬ごもりするために小屋に来て、供物の肉は冬の蓄えとなるものだった。

この活気のない生活に飽きた兄弟は、家に帰ろうと決意する。老婆は二人に団子をくれた。それは川を渡れるようにしてくれるヘビに与えるものだった。老婆は兄弟にヘビに頭を伸ばして岸に置くように命じて、ヘビがそうしてる間に岸に飛び降りるよう助言した。角があり頭一面にヒロハハコヤナギ、ヤナギ、サルビアなどの生えた巨大なヘビは、団子に気をよくして渡してくれるが、固い地面に頭を置くことができなかった。そこで「黒い薬草」は岸に飛び移るが、弟は老婆の助言に従わずヘビの頭を桟橋代わりに使うことにこだわったのでヘビに呑み込まれてしまう。弟の「香る薬草」はヘビの巨大なあごの中にすっかり気持ちよく落ち着いて兄にも来るように誘うが「黒い薬草」は断る。このやりとりが三日続いたあと、「黒い薬草」は自分たちのやりとりを見ていた見知らぬ人物がいるのに気づく。その人物はヘビに偽物の団子を与えるようにと「黒い薬草」に教える。「黒い薬草」はヘビに偽物の団子を与え、弟を一目見るために口を大きく開けるようヘビに頼んだ。ヘビは承知したが、頭を固い地面に置くのは拒んだ。ヘビは黒雲が空にあるか知りたがった。「黒い薬草」はないと嘘をつき、弟の手首をつかんで地面に下ろした瞬間雷がヘビを撃ち、ヘビは即死した。

見知らぬ人物はカミナリドリであり、「黒い薬草」と「香る薬草」を天上の家に連れて行き、自分の二人の娘の結婚相手にする。「黒い薬草」と「香る薬草」は義理の父であるカミナリドリの注意を聞かず、数々の冒険に乗り出し最後には鳥たちを脅かしていた怪物を殺すのに成功した……。*9


トウモロコシ栽培とバイソン狩りで生活するマンダン族のこの神話は、戦いで人を勝利に導くカミナリドリ（サンダーバード Thunderbird、神話・儀礼上の鳥）をたたえる儀礼の由来を説く神話である。天体の運行や季節の移行に関わる多彩な儀礼を営んでいたマンダンにとって、M503の「傷つきやすい渡し守」ヘビは、冬至と夏至という至点を暗示するというのが、レヴィ＝ストロースの解釈である。しかし、大平原の自然環境や動物の生態も古代の日本とは異なるのだから、この解釈をそのまま稲羽の白ウサギにあてはめる必要はないし、あてはめたとしても牽強付会の誇りを免れないであろう。

稲羽の白ウサギとの関連で注目すべきなのは、マンダン神話が三部分に分けられることだとレヴィ＝ストロースは言う。

まず植物あるいは農耕の女神である「決して死なない老婆」のもとでの定住生活であり、場面は地上である。第三の場面は戦いの神であるカミナリドリのもとでの天上の生活である。この第一と第三の間、つまり地上から天上の世界への移行に関わるのが、第二の場面の渡河である。この水平軸の移行は地上から天上へという垂直軸の移行（への契機）でもある。兄弟は川を渡るとカミナリドリに天へ連れていかれるからである。川は、（水平軸と垂直軸で）二重に境界性（両義性）を帯びた空間である。

注目すべき点がもう一点ある。地上、天上での主人公たちの振る舞い方の違いである。「決して死なない老婆」のもとで、二人の兄弟の狩猟には節度が求められる。狩りはしてもよいが、小屋の周りでの料理は控えさせられ、秋には狩猟が禁止される。対照的にカミナリドリのもとでは、数々の冒険に乗り出して怪物も殺したりと、度を超した振る舞いが許されている。これら二つの中間にあるのが、渡し守に対する態度である。

兄である「黒い薬草」は賢く慎み深い。「決して死なない老婆」の言いつけ通りに振る舞い、対岸の地面に飛び降りることができた。しかし衝動のまま行動する弟の「香る薬草」は、ヘビに呑まれてしまうのだ。節度は兄に、放縦は弟にと振り分けられ、兄が地上の「決して死なない老婆」とつながるように、弟の振る舞いが天の住人カミナリドリの注意を惹きつけるのだ。川が天と地の境界＝両義性と結びついたように、渡し守に対する主人公たちの態度は節度と放縦の両方をそなえているのである。

しかしさらに重要な振る舞いの両義性が渡河の場面に見られる。それは騙し、偽りの約束といった、駆け引きを行うということである。

> すなわち彼らは、川を渡すことを、おこなわれた仕事に見合った分だけ分割で払うというやり方で、食料で支払うことにのみ合意することで、駆け引きし交渉するのである。（中略）角のあるヘビのもとでは彼らは食物の団子を使って交渉するのだが、その一部は相手を騙すことのできる偽物なのである。というのも駆け引きから悪知恵へ、悪知恵から騙しへはほんの一歩なのだから。[10]

駆け引きは、節度［行われた仕事に見合った分だけ支払いをする］と放縦＝節度のなさ［騙し］との間の振る舞い、あるいはそのあいだの「現物での支払いから甘い言葉［M402のように、ワニの息が臭いのに香りがよいとお世辞を言うこと］による支払い、そして嘘、侮辱から叩くこと［M503では語られていないが、ヘビの渡し守を棒でたたく神話もある］までの漸次的変化［つまり移行］をしめしている」[11]。

節度のない駆け引きと傷つく渡し守は「稲羽の白ウサギ」にも見出すことができる。ワニの怒りとは、ウサギに騙され（嘘）、嘲られて（侮辱）、「傷ついた」ことによるといえるからである。

オホクニヌシノカミの武勲詩

「稲羽の白ウサギ」のエピソードは、『古事記』ではオホクニヌシノカミの「大冒険譚」[*12]へと続く。では白ウサギと冒険譚の間にどのようなつながりがあるのだろうか。このつながりを考えるためにも、北アメリカ神話との比較が手がかりを与えてくれるとレヴィ＝ストロースは考える。「傷つきやすい渡し守」であるワニに皮をはぎとられた白ウサギを助けたあとオホクニヌシノカミは、兄の八十神たちから、死に至る試練を課される。レヴィ＝ストロースによれば、そのうちの一つが北アメリカ神話との関連で注目に値する。

妻にしようと願っていたヤカミヒメのもとを訪れた八十神は、彼女がオホクニヌシノカミ（物語のこの時点ではまだオホアナムジノカミだが便宜上オホクニヌシノカミと記す）を夫に選んだことに怒り、オホクニヌシノカミを山中に連れて行く。そして一本の大木を切り倒し、くさびを打ち込んで大きな割れ目をいれ、その中にオホクニヌシノカミを無理矢理入らせてくさびを離した。オホクニヌシノカミは木の中に入ったまままつぶされて死んでしまう。[*13]

このモチーフは、北アメリカでは、オイあるいは婿の死を願うオジあるいは義父の神話に典型的で、著名な民話研究者であるトンプソンによって、「くさびの試練」と呼ばれるものである。例えば北西海岸の神話では、嫉妬深いオジがオイを亡きものにしようと、薪を取りに山へ連れて行き、木の割れ目からくさびをはずすよう命じて、割れ目に挟まれるようしむけるのである。*14

「くさびの試練」はアメリカ合衆国とカナダのロッキーおよびアラスカ山脈の西に分布している。同地域の神話と日本やオセアニアでの分布を比較して、この地域の神話の起源を東アジアに求めたのがアメリカ人類学の父フランツ・ボアズである。彼の結論に抵抗することは難しいとレヴィ＝ストロースは述べている。しかし日本神話と北アメリカ神話の同一性と共通性をレヴィ＝ストロースが強調しようとしていると単純に考えてはならない。木に挟まれて死んだオホクニヌシノカミは、「くさびの試練」の前に『古事記』で述べられるエピソードである、真っ赤な焼け石によって大やけどを負って死んだとき同様、母のサシクニワカヒメの尽力で生き返る。その後、母の助言に従って最終的に地下の「根の国」にいるスサノヲを訪れることにする。そこでスサノヲの娘であるスセリヒメと出会い、二人はたちまち結婚の約束を交わすのだが、未来の舅にあたるスサノヲからオホクニヌシは難題を課せられる。この点で日本と北アメリカ神話が異なることにレヴィ＝ストロースは注意を払っている。

M503のように北アメリカでは渡河した者が、天上界へ赴き、義父であるカミナリドリから試練を課される。しかし『古事記』では、義父に試練を課されるオオクニヌシノカミが赴くのは、天上ではなく地下である。違いはそれだけではない。「稲羽の白ウサギ」もあわせて考えると、北アメリカ神話と異なり、『古事記』では、水を渡ろうとする者と試練を課される者が同一人物ではないという違いもあるのだ。前者は白ウサギ、後者はオホクニヌシノカミである。

しかし北アメリカ神話では同一人物が水面を渡ることと試練を経験しているのである。例えばマンダンと同じ大平原インディアンであるダコタ（現在の民族名はテトン）には次のような神話がある。

M769b

ある日ある男が狩りに出かけミミズクをしとめて持ち帰ると、兄嫁がミミズクをせがんだ。男が断ると兄嫁は泣き叫び石で自分の顔と太ももを傷つけ、男に乱暴されたと夫に訴えた。男の兄は怒り、友人に指図して男を湖の無人島に置き去りにさせた。男は無人島で漿果と地面からすさまじい音を立てて出てきた野生の蕪を食べて、飢えをしのいだが、それも尽きてしまい、飢えに苦しめられた。ある晩寝ていると物音がしてホリネズミが現れたので、陸へ行く力を懇願するとホリネズミは湖面に沈んだ。すると湖面から巨大な角をもった大きな怪物が現れた。怪物は男を角につかまらせ湖面を陸へ向かって進んだ。怪物が、雷雲が見えたら教えてほしいと頼んでいたにもかかわらず、雲は見えないと男は嘘をつき、怪物を進めさせる。男が陸地に降りたとき、怪物は雷に打たれて死んでしまう。*15

怪物は、突然の落雷という「気象学的無秩序」に「傷つきやすい渡し守」なのである。怪物が渡し守になるのは、主人公が、妬み深い親族（兄）から課せられた置き去りと飢えという試練を体験し、その窮地から脱するため、怪物に乗って湖を渡ろうとしたからである。『古事記』では恣意的に見えた（オホクニヌシの）試練と（白ウサギの）渡河の結びつきは、北アメリカ神話では、直接の原因と結果で結ばれた、理由のあることなのである。ワシントン州のチェハリス族には、渡し守が、娘の婿に試練を課す義父になる神話も存在する。

M649a
人喰い鬼に追われたオオヤマネコが、雷という名の老人に川を渡してくれと頼むと、老人は高い料金と引き替えに仕事を請け負った。人喰い鬼がやってくると、老人はカヌーに乗せて渡す代わりに、両足を向こう岸の土手まで伸ばし、人食い鬼のために架け橋となった。人喰い鬼はそこを渡るが、雷が足を揺り動かすと人喰い鬼は水に落ちて死んでしまう。雷は娘をオオヤマネコと結婚させたものの、「くさびの試練」をはじめとするさまざまな手段でオオヤマネコを殺そうとした。しかし、その都度オオヤマネコは生き延びた。ついに雷は彼を迫害することをあきらめた。[*16]

ここで「雷」は「傷つきやすい渡し守」にはみえない。むしろ「傷つけやすい渡し守」というべきかもしれない。しかし彼は、後述するM625「渡し守」としてのツル（鶴）の変形と考えることができる。細長い脚をもつツルは、特定の箇所に触れられると痛みを感じるのである。だとしたら、雷も「傷つけやすい渡し守」ではあるのだが、それでもなお「傷つきやすい渡し守」でもあるのだ。

「渡し守」と「試練」のつながり

「渡し守」と「試練」のつながりは、『古事記』では恣意的にみえるが、北アメリカではより直接的である。なぜ彼の地では、二つの結びつきが理由のあることだとして受け入れられたのかを考えてみよう。

レヴィ＝ストロースは、この点について明言していない。しかし、『神話論理』の分析を思い出しながら「稲羽の白ウサギ」の議論を追っていくと、結びつく理由がみえてくる。根の国のスサノヲのもとで展開する物語は、まさに北アメリカ神話の「悪意ある義父」に相当する。「悪意ある義父」とは、社会的にさげすまされるか不思議な誕生をした主人公の若者が天に昇り、太陽の娘と結婚しようとするが、「娘と結婚したいのなら」と太陽から無理難題を言われるというものである。

スサノヲは太陽神ではない。しかし、北アメリカ神話の太陽同様「別世界」あるいは異界の住人である。そして太陽同様、娘のスセリヒメと結婚しようとするオホクニヌシノカミに死に至る試練を課す。しかしスセリヒメの「秘策」のおかげでオホクニヌシノカミは難局を乗り切ることができる。

スサノヲはオホクニヌシを蛇の室に寝させた。スセリヒメは蛇の領巾（ひれ）[17]を与えて、蛇がかみつこうとしたら、領巾を三度振って打ち払いなさいとオホクニヌシに教える。その通りにすると蛇は静まったのでオホクニヌシは安らかに眠ることができた。次の夜スサノヲはムカデと蜂の室にオホクニヌシを入れた。スセリヒメはムカデと蜂の領巾を与え、前と同じように教えた。次にスサノヲは鏑矢を野に射込んでその矢をオホクニヌシに取りに行かせ火を放った。現れたネズミのおかげで穴の中に避難できたオホクニヌシに対して、スサノヲは頭のシラミ（ムカデ）を取るよう命じた。スセリヒメは椋の木の実を与えた。オホクニヌシはその皮をかじり砕き赤土と一緒に口に含んだ後唾としてはき出すと、スサノヲはムカデをかじり砕いてはき出したものと思って寝てしまった。[18]

特に最後のスセリヒメの策略は、スサノヲを出し抜きペテンにかけるものであり、最終的にスサノヲから結婚の許可を勝ち取る。オホクニヌシノカミそしてスセリヒメは駆け引きに成功したわけである。つまり、「試練」にあるのは駆け引きであり、それは対岸へ移動するために渡し守相手に試みる駆け引きと同じ性質のものなのである。だとしたら「駆け引き」が「傷つきやすい渡し守」と「試練」を結びつけているといえよう。

日本では「傷つきやすい渡し守」と「試練」は異なるエピソードに分かれているが、駆け引きの共通性故に一つの物語の中で両者をより直接的に結びつけたのが、北アメリカ神話なのである。[19]例えばM769bでは飢えという試練を、突然現れたホリネズミへの祈り（交渉）と渡し守である怪物との駆け引きで、主人公は乗り越えようとする。雷に撃たれたくないから怪物は、空に雷雲が見えたらすぐ教えてくれと主人公に頼むのだが、教えたら、対岸に着く前に怪物が湖水に潜ってしまい自分も溺れてしまうおそれがあるため、雲が見えても主人公はあえて「雲は見えていない」と嘘をつく（という駆け引きを行う）のである。

2　半導体としての渡し守

動く渡し守、橋になる渡し守

その一方で「駆け引き」は、主人公の交渉相手である渡し守に半導体的性格を与えることにもなる。渡し守は対岸へ移動を懇願する片道乗船者をすべて対岸へ送りとどけるわけではない。乗客は渡し守に呑みこまれたり、対岸に飛び移ろうとして失敗することもある。

北アメリカ神話群にはワニ（アリゲーター）の他に、ツルあるいはサギが渡し守として登場するが、それらも「ある種の客は安全に運ぶが、それ以外は阻止し溺れさせる」という「可逆的でない半導体[*20]」の役目を果たすとレヴィ＝ストロースは言う。

しかしここで注意しなくてはならないのは、スウェーデンの作家セルマ・ラーゲルレーヴによる著名な『ニルスのふしぎな旅』さながらに、ツルやサギが、主人公を背に乗せ川面の上を飛行して「渡す」のではないということだ。ここで神話が注目するのは、その翼ではなく細長い脚である。ブリティッシュ・コロンビアの先住民スノホミシュの神話は次のように語られている。

M625

女のクロクマとグリズリーが一緒に暮らしており、それぞれ二人の息子がいた。クロクマはグリズリーに殺されることを予感し、その日が来たらどのようにすべきかを息子たちに教えておいた。翌日空が赤く染まったのを見て母が殺されたことを知ったクロクマの息子たちは、母の言いつけ通りグリズリーの息子たちを殺して祖父の住む山をめざした。川岸にたどり着きそこにいたツルに対岸へ渡してくれと頼むと、やせて背の高い老人であるツルは長い脚で川をまたぎ、橋代わりにして渡るようにと言った。「だけどおまえたちは膝頭の上を歩かないように注意しなくてはならない。さもないと川に落ちてしまうから。」言いつけを守り、対岸へ渡ると山に住む祖父の家にたどり着いた。息子たちが殺されたのを見つけたグリズリーの母親は、怒ってクロクマたちを追いかけ川にやってくる。ツルに対岸へ渡してくれるよう頼むと、ツルはわざと膝頭のことを言わなかったので、グリズリーは、川に落ちて流されてしまう。三度目にやっとツルの脚の橋を渡ることができたグリズリーはクロクマたちの祖父の家に着くが、ドアに挟まれて死んでしまう。*21

渡し守であるツルは脚と首を使って橋になる。[*22] ツル自身は主人公と一緒に移動するわけではない。だとすると、北アメリカの神話には二種類の渡し守がいることになる。川(湖)を流れに逆らって横断するカヌーのようなワニ(時にはヘビ、怪物)という動く渡し守と、北アメリカ先住民の文化には存在しなかった橋になる不動の渡し守である。不動の渡し守は、しかし同時に滑りやすいという不安定なものでもあり、それが動く渡し守と同様、半導体の役目を果たすのである。

シュンプレーガデス(撃ち合う岩)

ここでレヴィ=ストロースの小論から逸れて、とはいえ『神話論理』に寄り添いながら、別の北アメリカ神話を見てみることにする。ワニは動く半導体である。一方ツルは不動の半導体である。北アメリカ先住民の神話は、ある場所にとどまっているが揺れ動いているという、ワニとツルを媒介するような半導体も登場させている。それがシュンプレーガデス(撃ち合う岩)である。シュンプレーガデスとは、もともとはギリシア神話に登場する、海に浮かぶ向かい合う二つの大岩のことである。それらは互いに激突して、海路を塞ぐためこれに挟まれたら船はひとたまりもない。そのため、往来する船にとってそこは難所になっている。互いにぶつかり合うというのは、いわば開いたり閉じたりすることだが、この開閉によって、ある世界から別の世界へ移行を可能にしたり逆に遮断する撃ち合う岩のモチーフは、北アメリカに広く分布している。[*23] 例えば北西海岸のスヌクォルミ族には次のような神話が伝わっている。

M375f

五人の鮭女が西から旅をしていた。彼女たちが滝のそばにあるスヌクォルミ川に来たとき、老婆が赤ん坊をゆりかごに入れて抱いて眠っているのを見つけた。女たちは赤ん坊を奪って西にある彼女たちの家に連れ帰った。

赤ん坊がいなくなったことに人々が気づいて探し回った。とうとう赤ん坊の祖母であるアオカケスが西に向かって飛び立った。そこは世界の果てで、いつも開いたり閉じたりする二つの大きな岩があった。岩の向こう側は闇だった。アオカケスはそこを通り抜けようとしてうまくいったが、岩が閉じるとき彼女を打ち据えたので、彼女の後頭部は平らになってしまった。

アオカケスが岩を通り抜けたとき、ありとあらゆる漁網をつくる男に会った。彼こそ成長したさらわれた男の子で、さらった鮭女たちの夫になっていた。男がごみを投げつけたのでアオカケスはおまえを長い間探し続けていたのだと泣き叫ぶと、男は自分の子どもであるたくさんの鮭と漁網を見せた。アオカケスは村に戻るとき、もらった漁網を二つの大岩にかぶせて開いたままにしておき、そこを通過した。男も鮭をたくさんもってこの世に戻り、鮭は川に卵を産んだ。こうしてあらゆる種類の鮭がこの世に現れたのである。しかし置き忘れられたカラフトマスだけは二年に一度しか来ないことになった。[*24]

アオカケスは北西部の神話ではトリックスター（いたずら者）として登場する。アオカケスは、わずかな隙を突いて、異界とこの世を媒介する撃ち合う岩の間を通り抜けようと試みる。それはいわば、身体的俊敏さによって、シュンプレーガデスという半導体的媒介者（すべての者がそこを無事通過できるわけではない）と、駆け引きを行っていることでもある。その結果、世界に鮭がもたらされたのである。アオカケスは、世界に新たな事物や制度をもたらす文化英雄（culture hero）でもある。

シュンプレーガデスは、また、両側から登場人物を挟み込んでしまおうとするくさびの試練の変形[*25]ともいえるが、とりわけオホクニヌシをおそったくさびの試練と比較するとその対称性が際立つ。アオカケスが自らの身体的能力によって試練を（辛くも）乗り越えたのに対して、オホクニヌシは自らの知略ではなく母神のサシクニワカヒメという他者の尽力によって死の淵から生還しているからである。身体／知力、自ら／他者という二項対立によって、シュンプレーガデスにおいても日本神話と北アメリカ神話を構造的に関連づけることが可能となる。

3 ブリコラージュから「家」へ

資材との駆け引きであるブリコラージュ

渡し守、未来の舅、橋になる鳥、撃ち合う岩というように、媒介者はさまざまであるが、二つの世界を移動しようとする者は、媒介者と駆け引きを行うことになる。これまで紹介してきた神話はそれを物語っている。駆け引きの神話は、アジアから新世界（新大陸）へと広範囲に分布しており、決して気まぐれに語られているのではない。

駆け引きは、レヴィ＝ストロースの構造主義になじまない主題のようにこれまで思われてこなかっただろうか。静態的な体系やゲームの規則のみを扱い、体系やゲームを生きる行為者あるいは主体の能動的な活動や行為は構造主義では論じられていないと思われてこなかっただろうか。しかし実はそうではないのだ。

そもそも駆け引きは、『野生の思考』の冒頭にあるブリコラージュについての議論にも見出すことができる。「ブリコルール（器用人）とは、ありあわせの道具材料を用いて自分の手でものをつくる人のことをいう」。彼は多種多様な仕事をすることができる。とはいえ、たくさんあるといってもやはり用いることのできる材料には限度がある。[*26] 持ち合わせの資材もありとあらゆることに利用可能というわけではない。ブリコルールは限られた資材が「まだ何かの役に立つ」のかどうかを吟味し、そこから今までとは異なる特性を引き出そうとするのである。ブリコラージュとは、資材との駆け引きそのものなのだ。だとしたら、駆け引きは『野生の思考』においても、重要な主題であったといえよう。

しかしこの駆け引きを、個人が主体性を自由に発揮して行えるものと考えるべきではない。資材の持つ物質性（レヴィ＝ストロースは記号性という語を使っている）に「事前拘束」を受けるという制約下で、「何とかする」のがブリコルールなのである。限られたありあわせの資材の拘束を受けながらもそれと駆け引きすることで、トリックスターであるアオカケスのように、ブリコルールはもとの資材からは思いもよらないものを世界にもたらすこともあるのだ。

レヴィ＝ストロースの「家」

レヴィ＝ストロースは、「駆け引き」を『神話論理』以後の親族研究においても、『神話論理』との関連で、考察し続けている。北アメリカ北西部のクワキウトルの研究から始まる「家」についての研究がそれである。[*27]

「家」の特徴をレヴィ＝ストロースは以下のようにまとめている。

1　成員は交替してもそれ自体は変化しない一個の法人であること。

2　それ自体で権利・義務の主体となる。

3 物質的・非物質的財から構成される一つの財産保有者である。
4 実際のあるいは擬制的な系にそって、姓、財産、称号を伝えつつ自己を永続させていく。
5 その永続性あるいは連続性は親族関係か姻族関係の言語において、たいていはその双方の言語において表現されるという条件にかなう限り正当なものとされる。そのために縁組と養取による擬制的親族を広範囲に利用する。

ここで注目したいのは最後の特徴である。私たちは例えば日本の家というと、父系の出自つまり代々その家に嫡男が生まれることによって、家の永続性が保たれると想定している。しかし「家」の財産や称号を受け継ぐ後継者となるべき男子が生まれなかったとしたら、その「家」は途絶えることになるとは限らない。その「家」の娘と結婚した男性が、その家に婿入りしその姓を名のり、後継者となり財を彼の子どもたちに伝えれば、「家」は存続することが可能である。

このような場合、婿つまり「家」長の娘と結婚した男性は、妻の父と生物学的絆（親子関係）ではなく、社会的絆（婚姻）によってつながっている。しかし婿が家長の「息子」であるかのようにみなされて、時には養子縁組さえして、姻族の関係が生物学的親族の関係に置き換えられることで、婿は「家」長の後継者になることが可能なのである。「永続性あるいは連続性は親族関係か姻族関係の言語において、たいていはその双方の言語において表現される」とはこのような意味である。

そしてこうした事態が繰り返されれば、代々娘しか生まれない女系家族でも「家」存続は可能なのだから、「家」構成員の関係において、父系も母系も同等の重みをもつことになり、やがては「家」のメンバーの系譜関係は父系から母系へ転換することも、あるいはその逆も生じ得る。大切なのは、「家」の人口動態（男の子が生まれたか、三姉妹だけで男の子はついに生まれなかったかなど）という拘束下において、誰をどのようにして後継者として確保するか策を考えることである。

また娘と配偶する（あるいはさせられる）男性は遠方の他者とは限らず、有力な父方あるいは母方の親戚あるいはもっと近しい関係の者ということもある。配偶者選択には駆け引きが含まれるのである。[*28] 近親者が「家」に婿入りするとしたら、例えば家長が弟の息子を娘と結婚させるとしたら、兄弟・親子の連鎖でつながった関係は婚姻の関係に転換される。その際、一族としてまとまっていた人々が、近親婚をきっかけに親族と姻族に分かれることも生じてくる。その逆に遠方の他村から代々嫁を迎えるなら、全く隔たっていた人たちが婚姻を介して一つにまとまることもある。以前は統合の関係にあった者たちが分離した関係に、逆に分離していた人たちが統合の関係へと転ずる。「家」の維持のための駆け引きには、父系から母系へ、親族から姻族へといった反転が伴うのも、「家」の特徴の一つといえよう。

では、先に述べた半導体的な媒介者との駆け引きや、人口動態などによる「事前拘束」の中での反転を伴う駆け引きという観点から、「現代」の国際養子縁組を捉えてみることはできるだろうか。それを次に考えてみたい。

＊1　クロード・レヴィ＝ストロース、「神話の構造」、『構造人類学』、二四八ページ
＊2　この点については拙著『レヴィ＝ストロース斜め読み』青弓社、第一章を参照されたい。
＊3　クロード・レヴィ＝ストロース「アメリカのピタゴラス」『はるかなる視線2』を参照。
＊4　クロード・レヴィ＝ストロース『月の裏側　日本文化への視角』
＊5　Le lièvre blanc d'Inaba, dans *L'autre face de la lune :Écrits sur le Japon*（『月の裏側』）。
＊6　中村啓信・訳注、『新版　古事記』、五〇ページ
＊7　M402とは『神話論理』で取り上げられる神話に付された番号である（以下同じ）。
＊8　クロード・レヴィ＝ストロース、『食卓作法の起源』、一三五、五一一－五二二ページより要約（以下同じ）。［］内は筆者補足。
＊9　『食卓作法の起源』、五〇一－五〇五ページ。神話の紹介にあたっては、原典のBowers, Alfred W., *Mandan Social and Ceremonial Organization*, pp260-269も参照した。
＊10　『食卓作法の起源』、五二五ページ、傍点強調は原文。
＊11　『食卓作法の起源』、五二五ページ、［］内は筆者補足。
＊12　レヴィ＝ストロースはこれを「オホクニヌシの大武勲詩」と呼んでいるが、それは、彼の有名な論文『アスディワル武勲詩』にちなんだものだろう。
＊13　『新版　古事記』、五二－五三ページ
＊14　スティス・トンプソン、『民間説話　理論と展開（下）』、六四－六五ページ
＊15　クロード・レヴィ＝ストロース、『裸の人2』、六四二ページ。神話の紹介にあたっては、原典のWissler, Clark, Some Dakota Myths, *Journal of American Folklore* vol.20, pp.196-199も参照した。
＊16　クロード・レヴィ＝ストロース、『裸の人1』、三九一ページ。神話の紹介にあたっては、原典のAdamson, Telma, *Folk-Tales of the Coast Salish*, pp.64-67も参照した。
＊17　害虫や毒蛇を追い払うなどの呪力があると信じられた布のこと。
＊18　『新版　古事記』、五三－五四ページ
＊19　渡し守と試練は日本神話では離れているとレヴィ＝ストロースは想定しているように見えるが、オホクニヌシノカミをめぐる駆け引きと交渉は、スサノヲの課す試練以前にも存在する。根の国に赴く前に八十神たちが仕掛けた罠（試練）にかかり、オホクニヌシノカミは命を落とすが、その彼を救うのは母の訴え（駆け引き、交渉）である。根の国では命を落とす前に母ではなく妻になる女性の策がオホクニヌシノカミを救うという違いはあるものの、駆け引きや交渉は、登場人物も異なる別々のエピ

ソードであるとはいえ、「稲羽の白ウサギ」「八十神による虐殺」「スサノヲによる試練」に連続してあらわれているようにみえる。

＊20 『裸の人1』、三九〇ページ

＊21 この神話は『裸の人1』で番号のみふられ概要の紹介は全くないので、原典のHaeberlin, Hermann, Mythology of Puget Sound, *Journal of American Folklore* 37, pp.422-425から訳出した。

＊22 空という領域にあり、細長い光である雷は、空を飛び細長い脚をもつツルやサギと類似性をもつ。それ故に渡し守としてのツルの変形として雷がM649aに登場するのだろう。あるいは雷との類似性故に、ツルやサギの翼ではなく細長い脚が注目されたともいえる。

＊23 シュンプレーガデスについては、『裸の人2』、五一〇―五二一ページ、拙著『神話論理の思想：レヴィ＝ストロースとその双子たち』、一二七―一二九、三一四―三一八ページを参照されたい。

＊24 『裸の人2』、四九七ページ。しかし番号のみふられ概要の紹介はほとんどないので、原典のHaeberlin, Hermann, Mythology of Puget Sound, *Journal of American Folklore* 37, p.372から訳出した。この神話では岩は左右から水平にぶつかり合うように思われるが、岩や扉が上下に動いてぶつかり合う神話もある。註23であげた二つの文献を参照されたい。

＊25 シュンプレーガデスは右と左から挟むものだけではなく、上と下から挟むものもあることを考えるなら（前注参照）、くさびの単なるヴァリエーションというより変形と捉えるべきであろう。

＊26 レヴィ＝ストロース、『野生の思考』、二二ページ

＊27 Lévi-Strauss, Claud L'organisation sociale des Kwakiutl, *La voie des masques*, *Claude Lévi-Strauss Oeuvres*, また拙著『レヴィ＝ストロース　まなざしの構造主義』の第三章も参照されたい。

＊28 駆け引きは結婚後も続くことがある。L'organisation sociale des Kwakiutl, *Claude Lévi-Strauss Oeuvres*, pp.1010-1011

第6章

アイデンティティ・エクストラ

前章で詳述した「駆け引き」は様々な形をとって、
国際養子縁組の現場に影響を与えている。
その結果生まれてくる新しいアイデンティティは、「反転」したり、
「複数（ダブル・マルチプル）」化したり、「追加（エクストラ）」されたりした結果、
単純なものではなく複雑な形をとってくる。
そこには『野生の思考』の大切なアイデアのひとつである
「ブリコラージュ」を使った家族形成の可能性すら見いだすことができる。

1 養子縁組における駆け引き

自己との間での駆け引き

不妊のカップルにとって、カップル両方と遺伝的つながりのある子ども（以下「子ども」と記す）ができないことと、「子ども」がいることとは、川の両岸あるいはシュンプレーガデスのこちら側と向こう側のように、隔絶している状態である。彼らはその隔たりを生殖医療という渡し守を介して越えようとする。しかし体外受精をはじめとする生殖医療による妊娠・挙児（とりあげられた新生児）率は決して高くはない。例えば二〇一〇年のスウェーデンのデータでは、採卵あたりの体外受精による妊娠率は三一・八パーセント、挙児率は二四・五パーセントである。[*1] ヨーロッパでは四〇歳以上の女性に対して生殖医療は行わないが、女性の年齢が上がるにつれ妊娠・生産率は下がる傾向にある。生殖医療はすべての不妊カップルを対岸に移動させる渡し守ではなく、半導体的な渡し守なのである。そのためスカンジナビア（スウェーデン、デンマーク、ノルウェー）では、不妊治療をはじめるカップルに対して、医師は家族をつくるなら国際養子という選択肢もあることを伝えている。

医師やパートナーとのやりとり・対話、治療を受ける自分の身体や自分が何を望んでいるかを慮りながら、彼らは「子ども」ができない・生めない状態を「子ども」がいる・生めたという状態に転換しようとする。しかしそれが適わないならこの二項対立の隔たりをより縮約しようとすることがある。不妊という「事前拘束」のもと、例えば配偶子提供によって、カップルの少なくとも一方とは遺伝的につながりのある子どもが生まれるようにする、あるいは養子縁組によって（カップル双方と遺伝的つながりはないが子どもがいて）家族になれたというように。

こうした選択や決断に至る医師やパートナーとのやりとり（養子縁組の場合は仲介する団体・出生国などが加わる）は、まさに「駆け引き」といえよう。例えば養子縁組を希望するカップルは、まず地方自治体の福祉委員会に連絡を取らなくてはならないが、そのとき、生い立ち・職業・動機・さまざまな人間関係・宗教や倫理観・性格や趣味などの項目にわたって、養親として適切か、ソーシャルワーカーによる面談を受ける。そして、最終的には政府から許可がおりる。このソーシャルワーカーとのやりとりは、まさに養親として認めてもらうための駆け引きであろう。そしてこの「駆け引き」は、「家族をつくる」ことが社会の中で承認された大きな価値として存在することを、前提としている。養父母になるための駆け引きは、この価値観を、不妊以前の根本的な「事前拘束」としてかかえこんでいる。

また自分たち自身の身体状態を考慮したり自分は何を望んでいるのかを反省することも、自己の間での駆け引きと呼べるだろう。例えば一九七一年生まれのイルガ（ストックホルム在住）は、自分の心身を慮り、つまり自分自身と対話・駆け引きして、国際養子縁組を決意した。幼い頃からクラスメートの中に韓国からの養子がいたことや、彼女自身の姉も国内からもらわれてきた養子だったことから、国際養子に違和感が全くなかったという[*2]。そのため、二年間子どもができず、検査でも特に原因が見つからなかったとき、「子どもができないときは再び失望を味わうことになる、精神的にもきつい不妊治療を続けるよりは国際養子を韓国からもらおう」と考えた。遺伝子を受け継いだ子どもを持つことが大事なのではなく、ただ親になりたかったのだと彼女は語った。彼女たち夫婦は二〇〇二年に韓国から男の子を養子にもらった。他にはどのような事例があるか、紹介してみよう。

事例1 オールオアナッシング

デンマークの首都コペンハーゲンから飛行機で北西へ二時間飛ぶと、デンマークの自治領であるフェロー諸島がある。そこに住むソニャとヨハンは、ベトナムから三人の養子を迎えている。二人は一九九九年に結婚したが、そのとき既にヨハンは男性不妊であることを知っていた。デンマークのコペンハーゲンやオーフスには国際的に著名な精子バンクもあり、ヨハンはソニャが望むならDI（提供精子による人工授精）で子どもの父親になってもよいと言った。少なくともソニャは「子ども」を生むことができるのだから。

しかしソニャがそれを断った。もし彼女がDIで「子ども」を生んだら、ヨハン一人が家族の中でよそ者のようになってしまうと彼女は感じたのだ。そもそも彼女は「子ども」を生むことが大事だとは感じておらず、DIにも賛成ではなかった。

世界中には家族が必要な子どもがたくさんいるのだから、二人と生物学的につながった子どもが生めないなら、選択肢は彼らを養子としてひきとることだけと思った。そうすれば、養子とはどちらもつながりがないから、対等であり、子どもには親ができることになる。

彼らの間でのこうしたやりとり（駆け引き）を経て、彼らは結婚後すぐに養子縁組の申請を開始した。『子ども』が『できない』から「親になれる」に移行するためのしかるべき渡し守（媒介）役をするのは、偏りのあるＤＩではなく、中立的な国際養子縁組だったのである。

事例２　国外、国内での複雑な駆け引き

スウェーデンの首都ストックホルムに住むヘンリックとカリンは、一九九三年に結婚、一九九八年から三年間体外受精を五度試みいずれも失敗に終わった。そこで彼らは、国際養子縁組をすることにして、二〇〇七年に中国から二歳半の女の子を養女に迎えた。治療を開始する当初に医師は国際養子縁組も準備することを提案した。養子縁組には時間がかかるからである。しかし夫ヘンリックは、養子縁組をあくまでそなえ（バックアップ）として考えていて、当初は生物学的子どもが欲しかったという。一方妻カリンは、体外受精より養子縁組を優先して考えていた。彼女にはインドからの国際養女であるイトコ（母の妹の娘）がいた。

養子をもらって家族になるのは、不自然なことではなかった。学校にもたくさん養子がいた。私にとっては、子どもを生むことより子どもを持つということが重要だった。健康な子どもを妊娠するということは、私にとってはそれほど大切なことではなかった。

夫婦は長い間議論し、ヘンリックの考え方も次第に変化し、最終的には国際養子縁組を選択した。体外受精の不成功に伴う反省や、カリンとのやりとりという駆け引きが、ヘンリックの考え方を変化させていったのである。

今では生物学的子どもがいるかどうかは重要なことではなくなった。クララ（養女）は私たちの娘だ。養子縁組の手続きを進めていく中でクララは私の娘になった。

ヘンリックは、当初中国に申請をしていなかった。

中国は養父母たちが一緒に出かけ共に行動することを求めてくる。でも養子縁組はプライベートなことだから、自分たち夫婦だけで子どもを引き取りに行きたかった。中国の場合は皆同じ行動パターンになる。まず北京に行って他の養父母と合流し、観光してから子どものいる地域に出かける。それからまた北京に戻る。この間ずっとガイド付き添いだ。

そこで中国よりプライベートを重視するように思われたコロンビアから養子をもらおうとした。また当時コロンビアの待機時間は長くなかった。しかし一一ヶ月のはずが三六ヶ月待っても音沙汰がなかったので、ＦＦＩＡという国際養子斡旋団体が違う国と交渉したらどうかと提案してきた。コロンビアは、家族という対岸への渡し守にはなってくれなかったのだ。そこで夫妻は中国に希望を変えた。しかし申請書類を送ってから九ヶ月待つと言われていたのが、最終的には一八ヶ月かかったという。中国は、養父母たちが、子どもの親にふさわしい安定している生活を送っているかどうかを知るために、夫妻と彼らの住まいの写真を求めてきた。

あらゆる貴重品、コンピューターの写真、すてきな家、すてきな自動車の写真や、服を取り替え引き替えして写真をとって、本当に奇妙だった。近所の家の修理をしていた人が見ていて、「一体何をしているのですか。五分ごとに服を替えて」と言うので事情を説明したら、「そうでしたか。私も今養子縁組を申請しているところなんです」と言うんですよ。

出生国との駆け引きだけでなくスウェーデン国内での駆け引きもあった。私が会ったほとんどの養父母は、スウェーデンでは一番大きい国際養子斡旋団体であるＡＣに加盟していたが、夫妻が加盟したのはＦＦＩＡという小規模な団体だった。*3 ヘンリック夫妻は最初はストックホルムのＡＣの職員に会ったのだが、コロンビアがいいと言っているのに違う国を勧め、夫妻の希望を聞こうとせずあまり協力的に思えなかった。そこでＦＦＩＡに連絡すると、親切な対応だったので、ＦＦＩＡを窓口にすることにしたのだという。

国際養子を迎えるためには一つ一つのやりとり、駆け引きを積み重ねていかなくてはならない。それは、養親になったスペインの漫画家が、次から次へ続く申請の手続きを迷路になぞらえて描いた絵そのものである。*4

事例3　複数国との駆け引き

スウェーデン第二の都市ヨッテボリに住むクルトとリンダの夫妻は、妻の病気のため中国から養女を二人迎え、三人目の養子を考えていた。しかし現在中国から養子をもらうのにはとても時間がかかる。*5 障碍をかかえた子どもであれば短時間で養取できるが、その場合は新しく養子にした子どものケアに時間が割かれ、既にいる養女二人の養育が十分できないかもしれない。そう考えてクルト夫妻は、近年養子の出生国として注目されているアフリカのケニアから、男の子を養子に迎えた。三人目の養子がほしいという希望と中国の政策との駆け引きの中で、夫妻は中国ではなく、アフリカを選択することになった。そしてケニア側の要求に従い、引き取って最初の八ヶ月の子育て期間は、ケニアで家族一緒に生活した。

では、こうしたさまざまな駆け引きを経て形成される国際養子家族は、通常の家族とはどのように異なるのだろうか。

2 反転する国際養子家族

「文化」と「自然」における反転

アメリカの文化人類学者デヴィッド・シュナイダーの研究を手がかりに、中上流の白人欧米人の従来の家族観をまとめると、次のようになるだろう。彼らの家族は核家族であるが、それを構成する夫婦の関係は、法的契約に基づくもので解消可能である。人工的に構築されたものである故に「文化」的といえる。夫と妻は他人である故に生殖可能という異質性を有している。これに対して親子の関係は、遺伝子的・生物学的な関係であり「自然」の領域に属する。その関係は決して解消できない。親子は血のつながりという「同質性」を有している。[*6] シュナイダーのこの考えをベースに国際養子家族をみてみよう。

右の核家族とは対照的に国際養子縁組家族の場合、親子に遺伝子的・生物学的な絆はない。記入・署名すべき大量の書類をそろえて提出する一連の法的な手続きを経なければ親子になれない彼らの関係は「文化」的であり、「自然」に属するものではない。さらにもともと異なる国に居住しており、それ故の国境を越えたtransnationalな養取に至ったという点で異質的である。これに対して夫婦は、その関係は「文化」的であるにせよ、養取による家族形成を選択して、自治体のソーシャルワーカーとの面談や「コース」に参加する過程において、ともに「同じ」nationality（あるいは同じ国に住む）、そして多くの場合「同じ」「白人」という同質性を有するペアとして一つにまとまるのである。自然（親子・親族関係）が文化に、文化（婚姻関係）が自然に反転するというのは「家」の特徴であったが、同様の反転が、そこにある。これまでの核家族の関係を規定していた特徴の反転が、国際養子家族にみられるのだ。

反転は国際養子家族を特徴づける。例えばコロンビアから二人の子どもを養子に迎えたマッティラ夫人は、「私の夫もフィンランドの国内養子なの。だからこの家で養子でないのは私だけ。私の方がここではマイノリティよ」と語った。この家族が形成され維持されるのに、常識的なマジョリティとマイノリティについての意識が反転しているのである。これ以外の反転も国際養子家族には見られる。

兄弟姉妹、親子の反転

第2章事例3で紹介した、国際養女で自身も養母になったカリナは、養子をもらった後、生物学的娘アリスを生んだ。カリナとアンデッシュの家族の中で養子でないのはアリスだけである。

でもそれは大きな問題ではない。アリスは長男ヴィクター（ベトナムからの養子）に外見が似ているから。

カリナは、ベトナムでヴィクターを手にしたときすぐこの子は私の子だと感じたが、アリスの場合は違ったという。

アリスを生んだとき彼女が私の赤ん坊だとは感じた。でも彼女に強い愛情を感じるようになるには時間がかかった。出産を経験した友達が、生まれた赤ん坊を抱くのはとても素晴らしい体験だと話していたけれど、私はそんなふうには感じなかった。とても失望したわ。ヴィクターのときよりもっと愛を感じると思ったけど、そうではなかった。ヴィクターに会ったとき彼は一歳で、喜びや悲しさを表現できた。彼は私の気持ちがわかり、ますます彼が好きになった。でもアリスは赤ん坊だった。食べて寝るだけ。

生物学的なつながりと養取によるつながりの重みの違いが、ここでは逆転している。兄弟姉妹、親子の捉え方も、比喩的なものにせよ、反転することがある。スウェーデンの隣国フィンランドのエスポーに住むトムとベッティ夫婦（ともに一九六四年生まれ）は一九八九年から一緒に暮らしだし、子供が欲しかったがなかなかできなかった。二人は養子縁組を考え手続きを始めていたが、あるときベッティが妊娠したため、養子申請は取り下げなければならなくなった。夫婦には一九九二年双子が生まれた。しかし夫婦は双子が六歳になるともう一人子どもが欲しくなり、再び養子縁組を考えるようになった。そこであらためて申請を行い、二〇〇一年に中国から養女をもらった。夫妻は言う。

養女が本当は長女だって私たちはいつも話すのさ、だって双子が生まれる前に養子を考えていたから。

彼らが親になったのは、養子をもらおうと手続きを開始したときからといえよう。だからあとから生まれたにもかかわらず、養女は「長女」という特別な存在になる。兄弟姉妹の長幼の時間が反転している。

また養親が、子どもの出生国の養子になったと感じる場合もある。スウェーデンに限ったことではないが、養子たちが出生国を訪れる'motherland tour'（スウェーデン語でåterresa、帰り旅、戻りの旅）が、ACによってこれまでにも企画され実施されてきた。あるときACにチリから養子をもらったカップルが次のような問い合わせをしてきた。

二人の子どもを一九七〇年代にチリから養子としてもらった。しかしそのときはチリに子を引き取りにいったのではなかった。それで子どもが大きくなったら家族でチリ旅行しようと思ったが、子どもたち自身はチリに行くのに全然興味を示さない。でも私たちはチリに関心がある。チリのおかげで私たちは親になることができたので、チリには感謝の念を長年持ち続けている。だから子どもたちが行かなくても私たち親だけで、チリへのmotherland tourに参加してもよいか。

彼らはチリによって養取され、チリを（養）母国のように感じていたのだ。ACでは許可した。この場合には（チリからの子の）親が（チリの）子どもへと反転している。

3 居間の中の出生国

ダブル・アイデンティティ再び

こうした反転のうちおそらく最も一般的なのは、これまでの核家族像では判然と分離されていた家族だけの私的な領域と、その外側に広がりそれを包み込むような公的でグローバルな世界の別が截然としなくなり、プライベートがグローバルに転じる、あるいは養子の出生国という外国が家庭という私的な空間に入り込むというものであろう。

プライベートのグローバルへの反転は、親子間の関係と国際問題の直結として現れることがある。

ロシアから養取したアメリカ人養親が養子を虐待・放置、時に死に至らしめるという事件がしばしば報じられると、アメリカとの養子縁組をやめるべきだとロシア人たちが反対運動を行うようになった。プーチン大統領も、ロシア人の子どもをアメリカ人が養取することを禁止する法律を、二〇一三年初めに承認したという。過去二十年間でアメリカ人に養取された六万人のうち一九人が死亡したのは深刻な事態だが、プーチンのこの対応は、ロシアの外交政策に対するアメリカの態度に報復しようとしたもので、子どもの福祉や権利への心からの憂慮とはいえない。[*7] 外国へ養子に出さなければならないロシア国内の問題や、虐待した養親の心理や人格という個人的問題も顧みられてはいない。家族内問題を国際政治問題にすりかえているのである。

しかし出生国という外部が家庭の内部に浸入するという点で特に重要視されているのは、養子のダブル・アイデンティティにおいてである。養取が成立したら、養子を養親の国の完璧な一員として養親の家系図の中に組み込み、親子の同質化をはかり、[*8] 外部の内部への嵌入を無化することも可能である。[*9] しかし養子が養親の国籍を得てそこで生活をはじめてもなお出生国とのつながりを保たせようとするのが今日的傾向である。それが、既に第2章で述べた、ダブル・アイデンティティである。

今日のスウェーデンでは、養子にダブル・アイデンティティを維持させようとするのが望ましいと考えられている。既に述べたように子どもには生い立ちやルーツへの関心がある、それを抑圧すべきではない。養子はスウェーデン人であるけれども、同時に生まれた国の文化や民族の一員でもある。つまり二つの国や文化・民族に同時に帰属するというあり方がダブル・アイデンティティであり、それが養子の人格形成や精神衛生上望ましいと言われている。

そのため、養子に日頃から出生国の文化に触れさせようと、養親は養子の出生国に子どもを引き取りに行った際、その国の国旗や本、美術品、音楽CDを買い求め、帰国後リビングにそれらを、飾り、繙き、鑑賞する。さらに子どもの誕生日やホームカミングデー（養子が養親の国にやって来た日、ファミリーデーともいう）などの記念日には、出生国の民族料理をつくる。また出生国でつけられた名前を養子のミドルネームとして残しておくこともある。[*10]

このように、家族の居間という私的＝家内的空間に、ツーリスト的な表象[*11]であるにせよ、本来であればその外部に位置する出生国という外国が入り込み、養子だけでなく家族全体の行動に大きく関わるものとなっている。家庭という内と出生国という外が直結しているのである。外部が内部に、内部が外部に嵌入するあるいは転ずるという「家」の属性がここにも見出される。国際養子家族は「家」的になっているのである。

これは一〇〇パーセントスウェーデン人になることが求められた、初期（一九六〇年代後半から一九八〇年代前半）の養子とその家族の場合とは、大きく異なる点である。子を引き取りに出生国まで行くことが一般的ではなかった当時の養親たちは、出生国を体験することなく、その文化や社会についての知識も乏しかったため、家庭に出生国を持ち込むことは稀だったのである。

ダブル・アイデンティティは、養親たちの家族意識をも変えていく。ヨッテボリ市郊外に在住し韓国から三人の養子（女児・男児・男児）を迎えたモナ（第3章事例1で言及したヴィクターの養母）は語る。

私たち家族の中では、純粋なスウェーデン人は私と夫だけだから、私たちはスウェーデン＝韓国家族なの。

またストックホルム在住で韓国から男の子と女の子を養子に迎えたマリアも言う。

一人でバスに乗っているときは、周りに移民がいても話しかけることも話しかけられることもない。他の白人のスウェーデン人が彼らに距離をおいているのと同じ態度を自分もしている。けれど、息子を連れてバスに乗ると、アジア系の人たちに限らず様々な民族の人たちが息子に笑いかけあやしてくれ、韓国人の息子の母親として自分にも話しかけてくる。私も一人だけのときのようなよそよそしい態度をすることもない。こういうとき、スウェーデンと外国をつなぐような役割を、私のような国際養子の親は果たしていると思うの。

このような家族では、アイデンティティはただ一つで排他的に決定されているのではない。スウェーデンの国際養子を長年調査しているアメリカの人類学者バーバラ・インベソンは、ダブル・アイデンティティをフーコーの「エテロクリット（混在的なもの）」に喩えている。[*12] フーコーはエテロクリットについて次のように述べている。

そこで物は、じつに多様な座に『よこたえられ』『おかれ』『配置され』ているので、それらの物を収容しうるひとつの空間を見いだすことも、物それぞれのしたにある《共通の場所》を規定することもひとしく不可能［後略］*13。

エテロクリットの場であるエテロトピーは、ただ一つの血縁的な親族関係や排他的な国家帰属に基づく秩序・区分・グループ分けをなしくずしにする帰属形態をほのめかしている。例えば既に紹介したマッティラ夫人（154ページ参照）は、子どもたちはコロンビアの生まれで、実の母親はコロンビア人だが、自分たち夫婦が（ストックホルム在住の）フィンランド人だからフィンランド人の系統にも属することになる、しかし子どもたちのナショナリティはスウェーデン人でもあり、幼稚園で彼らはスウェーデン語を話していると述べた。子どもたちの国家帰属はただ一つではないのである。

シングル・アイデンティティも認める

しかしスウェーデンや他の北欧の多くの養親が、ダブルときにはマルティプル・アイデンティティを子どもにもたせることに抵抗はないが、押しつけようともしていないのを見落とすべきではないし、養子たちの多くも自分は何よりもスウェーデン人だと自己規定している。既に紹介したヨッテボリに住むアンデッシュとカリナ夫婦（第2章事例3、第3章事例3）は、長男をベトナムから養子に迎えた。彼ら自身も養子・養女であったが、ともに自分は一〇〇パーセントのスウェーデン人と考えていて、外見で差別される経験もしてこなかった。アンデッシュは、長男をベトナムに引き取りに行った様子を写真に残し、壁新聞にもしてヴィクターのベトナム出自を隠そうとはしていない。しかし彼もカリナも、ヴィクターにベトナム文化を押しつけようとはしておらず、ベトナムに興味を持つのは彼の意志に任せると語った。

同じくベトナムから養子を迎えた、フェロー諸島のソニャ（本章の事例1）は、養子たちを引き取った日をホームカミングデーとして祝っていたが、子どもたちに「何故その日を特別にするの。その日は僕たちの一部ではないよ」と言われ、子どもの誕生日だけ（推定のものだが）を祝うことにしているという。

長男（二〇〇一年生まれ、二〇〇二年に養取）はベトナムに全く関心がない。ここで育っているんだから、何故わざわざ昔にこだわらなければならないのかと思っている。何故ベトナムのことを話し合うのか理解できないみたい。長女（二番目の養子、二〇〇四年生まれ、二〇〇六年養取）はそうでもなく、ベトナムに行ってみたいと思っている。でも彼女の興味はツーリスト的で、ベトナムの料理やヌードルに関心がある。子どもたちは自分の（生物学的）家族はどこにいるのかとか、どこの出身かと話すこともない。

自分をスウェーデン人としてのみ規定することを、ダブル・アイデンティティに対するシングル・アイデンティティと呼んでおくならば、エテロトピーとしての養子家族では、ダブル・アイデンティティ以外を排除するというのではなく、シングル・アイデンティティもアイデンティティの一つのあり方として認めているのである。自分をスウェーデン人、デンマーク人としてのみ自己規定していた多くの国際養子たちは、従って、出生国への強い想いやこだわりをもっていない。

韓国からアイスランド人の養女になったアダルビョルグは、次のように話している。彼女は一九七四年生まれで生粋のアイスランド人と結婚し娘が一人いる。

韓国名は知っているけれど、セカンドネームとして使ってはいない。韓国へはまだ行ったことがないので、ぜひ行きたい。けれど実の親のことを調べたり会いたいとは思わない。孤児院は訪れるかもしれないけれど、韓国の土地や人々を見たいだけ、雰囲気を知りたいだけ。自分は完全なアイスランド人だと思っている。他の韓国からの養子と連絡を取り合うわけでもない。（娘を生んだ後、実母に会いたいと思うようになったかという問いに）いいえ。でも娘を生んでから実母のことをとても理解できるようになったと思う。今では彼女が私のことをとても愛していたのだということがわかる。なぜなら私を手放すことができたから「貧しくて自分で育てられないから、誰かに育ててもらうために、愛する故にあえて捨てたということ」。だけどこれが彼女に会いたいという気持ちにはつながらない。今は特に会いたいとは思わない。

この女性より一世代若い、ヨッテボリのモナの養子たちリネアとヴィクター（アンデッシュの養子のヴィクターとは別人）は次のように言っている。

今は韓国に戻りたいとも、「本当の親」を捜したいとも思わない、そうすることはとても苦痛になるかもしれず、どう対応したらいいかわからないから。今の生活と今の両親にとても満足していて、韓国で親を捜さなければならない理由がわからない。（二〇〇四年十月モナの養女リネアがくれた手紙、当時一八歳）

三歳のとき、弟を迎えにいった経験があるので、また韓国に旅行するのは楽しいだろうけれど、韓国の両親を捜したいとは思わない。（リネアの弟ヴィクター［第3章事例1］、文中の「弟」はリネアからみて二番目の弟）。

4 エクストラのアイデンティティ

もう一つの特別なアイデンティティ〜どちらでもある

モナと養子のヴィクターにはじめて会ったのは二〇〇四年である。

二〇〇五年にヴィクターに再会したとき、私は、次のような答えに窮する質問をしてみた。

もしあなたの生みの母親（生物学的母）が実は韓国人ではなく、たまたま留学生として韓国に来ていた日本人女性だとわかったら、あなたのアイデンティティにとって大切なのは、韓国か日本か、それとも両方か。

同じ質問に対して、異なる養親にひきとられた十代と二十代の韓国人養女二人は、日本も無視できないと答えた。しかし当時高校生だったヴィクターは、自分は何よりまずスウェーデン人だし、もう一つのアイデンティティを考えるとしたら、韓国であって日本ではない。何故なら韓国で生まれ、短い間でも韓国で育ったから、生みの母が韓国人か日本人かは重要ではないというものだった。

この答えは、その場に同席していた彼の養父母とりわけモナを驚かせた。

その日本人女性がどれくらい韓国に関わっていたかによって事情は変わってくる。例えばもし彼女が短期間しか韓国におらず日本に帰ったとしたら、子どもに教える文化や歴史は日本のものになるだろう。もちろん父親が韓国人だから、当然韓国のことも教える。しかしその日本人女性がその後も韓国にとどまっていたということがわかったのなら、日本よりも韓国のことを教えるだろう。でもいずれにせよ、日本のことは無視できない。

養父母は私の難問にそう考えていたのだ。

しかしヴィクターの答えはスウェーデン人としてのアイデンティティと韓国人としてのアイデンティティを規定する上で一貫しているともいえる。外見が違うにしても、いつも彼は特に意識せずスウェーデン人として自分を受け入れていると言っていた。それを手がかりにヴィクターの答えを私は以下のように解釈(推測)してみた。彼にとって大切なのはスウェーデン人の夫婦(親)によってスウェーデンで育てられ、スウェーデン語を日々話しているということである。この事実は彼にとってとても自然なことである。彼は、スウェーデン人の養母以外に生物学的母がいることを、養母自身から教えられて知っている。しかし彼にとって本当の母とは彼の生みの母ではなく、育ててくれているスウェーデン人の母である。ヴィクターたち三姉弟は、「韓国に生みの母がいるかもしれないけれど、私たちの本当の母は、ここにいるママよ」と話し合っていたという。

生みの＝生物学的＝「自然な」は、ヴィクターにとってもはや自然でも本当でもないのである。

アイデンティティを規定するとき、彼が最優先するのは、生活の場で培われた関係であり、またそのような関係が展開する場なのである。この論理は彼の韓国への態度にも見出すことができる。生まれた場所が韓国で、わずかな期間であるにせよ（彼は生後三ヶ月でスウェーデンに引き取られている）、韓国の里親に育てられたという事実の方が、生みの母が誰かということより彼にとって意味のあることなのである。「生物学」はさほど重要ではないのだ。この点では出産と生んだ子どもとの生物学的つながりを重大視しなかったカリナと通じるものがある。

では、スウェーデンほど強く彼のアイデンティティの根幹をなすとはいえない韓国とは、彼にとって何か。この点でストックホルムに在住し、生粋のスウェーデン人と結婚し、二人の男の子の母であるリーの語りが、示唆を与えてくれる。彼女は、一九七〇年生まれで韓国からの養女である。

当時ダブル・アイデンティティなんてことはいわれなかった。韓国の絵や旗を母が飾ることはなかった。私にはそれが好ましかった。母は韓国についての本を買ってきたが、韓国へ行ったことがなかったから、何も韓国のことを知らなかった。私は見た目がスウェーデン人ではなく、背も低く青い目でも茶色い髪でもなくて、ファッション雑誌のモデルに自分を重ねて見ることもできなかったけど、中学校に入った頃新しくできた友達が、「あなたの髪とてもきれいね」と言ってくれた。それが自信になった。確かにある時期自分の外見が嫌だったこともあるけど、それが外国からの養子だからか、思春期の少女によく見られるものなのか、区別はつけにくいと思う。何より私は自分をスウェーデン人と思ってきたし、母国語もスウェーデン語、受け継いだ文化的伝統もスウェーデンのもの。でもその一方で私のスウェーデンの友人が持っていない、このextraなものをとても誇らしく思う。私は何か特別なものを持っていて、それをとても自慢に思う。(「ダブルではなく一二〇パーセントみたいなことですね」という筆者に同行した石原理教授のコメントに)そうそう！　全くそう！（自分が妊娠出産して実母に会いたいと思うようになったかという問いに）いいえ全然。今まで一度もそんなことは思ったことがない。

リーは「韓国性」をextraなもの、何か特別なものと表現している。それは周囲の圧倒的多数を占める白人スウェーデン人が持っていないものであり、それ故、韓国生まれであることは、根源的で不可欠な何かというより、彼女を周りとは違う特殊な存在にする何ものかなのであり、それを彼女は誇りに思っていたのである。

似たような態度は、韓国からアイスランドに養女に来たアダルビョルグが生んだ娘（二〇〇六年当時一〇歳）にも見られる。娘は韓国にとても興味があり、韓国についてのものは何でも買いたがる。テレビでも韓国の人が出ていると「お母さん、韓国よ、韓国」と言ってくる。もちろん、ここには母を通じて韓国にも自らの生物学的ルーツがあることを知り、そのために関心をもっているという心理的衝動があるといえるかもしれない。しかし、おそらくそれは生物学的ルーツを絶対視するような普遍の心理学的衝動などではないだろう。

母親の方が自分のことを完全なアイスランド人と思い、韓国にも行ったことがなく、韓国語も話せないのであれば、そして娘の父親が生粋のアイスランド人であり、娘の方も日常はアイスランド人として生活しているのであるならば、「韓国」とは、むしろ、周りの生粋のアイスランド人の友達が誰も持っておらず、自分だけが持っているものである。それは、自らを周囲とは違う特別な存在にしてくれる貴重な特性であり、それ故に彼女は韓国に関心をもっていると考えるべきだろう。つまりここでも「韓国性」は、根源的・本質的なものではない。

この女の子やリー同様、ヴィクターの場合の「韓国」も、「スウェーデン人」であることに付加された、いわば「おまけのような」アイデンティティではないだろうか。彼はサッカーが得意で「僕の（生物学的）お父さんもサッカーが上手だったかも」と言うことがあるが、[*14] そんな風に周りと違った特殊性を説明するのに引き合いに出されることもあるのが、彼の中の「韓国」なのではないか。そのとき、自らを周囲と差異化させ、きわだたせるという点でエクストラな「韓国」は、養子の側からのトーテムと化していると言えよう。しかし、第3章で述べたトーテムと異なり、それは生物学や内在的衝動と結びつくものではないし、いつでもどこでも絶えず意識されているものでもない。

普段はさして省みられることはないが、何かの折りに不意につながり、新たな広がりを与えてくれるかもしれないのが出生国という外部であり、それを閉ざしてしまわないのが、エテロトピーとしての国際養子家族なのである。

引き裂かれたアイデンティティ〜どちらでもない

しかしすべての養子がエテロトピーにいるとは限らない。ヴィクターやリーのように、エクストラを持ちながらも普段はスウェーデン人として自己規定し、特に悩みを抱えていない養子がすべてではない。例えば六〇年代・七〇年代に縁組みされた一八人の養子に取材した結果をまとめたフォン・メレンが紹介するエチオピアからの養子テドロスは次のように述べている。

僕はスウェーデン人でもないしエチオピア人でもない。僕は端のない大海原の真ん中にいてそこを泳いでいるような感じだ。右に行くことも左に行くこともできる。でもどんなに泳いでもどこにもたどりつかない。いつも真ん中に、はりつけになっている。[*15]

テドロスに取材したフォン・メレン自身も韓国からの養女である。次のように述べている。

私は一度にスウェーデン人であると同時に韓国人であり、このひきさかれたアイデンティティに問題がないとはいえない。多くの人は、それに対処するのが難しいと感じている。[*16]

一方はどちらでもないといい、他方はどちらでもあるといっている。しかし、自己のアイデンティティはただ一つでそれがすべてだと当たり前のこととしていえないのが、彼らのかかえる問題であるという点では共通している。アイデンティティは一つしかないといえないのが彼らの悩みなのだ。だということは、アイデンティティが一義的に決められるべきものだということを、彼らが受け入れていることなのである。「スウェーデン人とはスカンジナビアン（白人）のことだけであり、肌の色が白くない人間は本当のスウェーデン人ではない」というアイデンティティの呪縛から彼らは解放されていないようにみえる。AでもありBでもある、あるいはAでもなくBでもないという曖昧なポジションが、自分たちに普通のスウェーデン人やエチオピア人・韓国人にない特別な力を与えてくれていると、自己自身を積極的に評価することもできない。しかしそれは彼ら自身の責任ではなく、第3章で論じたように、出生国をトーテムと見なすような周囲のまなざしの反映でもある。

テドロスらが呪縛から解き放たれるためには、「単純なアイデンティティの方が複雑なものより優っている」という仮定[*17]を社会が捨て、エクストラな部分も含めて柔軟なアイデンティティ形成を認める姿勢が、養子縁組家族だけでなく、社会全体にまで広がっていくことが必要だろう。

5　純粋歴史性に触れる旅

ブリコラージュとしての家族

駆け引きという主題から本章の議論をスタートした。前章の終わりでは、ブリコラージュこそ、ありあわせのものでやりくりする故に駆け引きであると述べた。では、国際養子縁組はブリコラージュであると聞いたなら、人はどのように受けとめるのだろうか。自分の生物学的子どもが生めないから、「ありあわせの」外国の子どもで間に合わせようとするのが国際養子縁組だと考え、国際養子縁組を、非人道的な人身売買、親になろうとする人々が属する北による南の搾取と非難するのではないだろうか。体のよい人身売買であり搾取であるというのは否定できない事実であり、*18 これまでも批判され続けてきた。*19 しかしこのような批判が見落としているのは、養親になろうとする人の多くが、養子縁組する動機の一つとして、「世界中には親を必要としている子どもたちがたくさんいる、自分たちがその親になろう」と語っていることである。彼らは、自分たちの方が「ありあわせの親」だと思っているのである。ありあわせの親でも子どもを愛して家庭を提供できると考える彼らは、外見が全く異なる子どもという他者を、その差異を否定することなく、自己の中に受け入れ抱擁する力（愛）をもっているということである。*20

「失われた時」を見つける旅

モナの養女リネア（本章164ページ参照）は、彼女の弟になるヴィクターをモナ夫婦が養取するとき、一緒に韓国へ旅した。六歳のときである。しかし韓国から戻ってきたとき、彼女は自分も弟と同じように養子になったこと、つまり生みの親に棄てられたことに気づいた。それは、あの母が私を棄てたのならこの母も私を棄てるのではないかという、現実味を帯びた怖れとなった。それ以来毎日約一月にわたって彼女は「お母さんもいつか私を棄てるの？　おばあちゃんはずっと私のおばあちゃん？　お父さんも私を棄てるの？　お母さんはずっと私のお母さん？」と聞き続けた。その度ごとにモナはそんなことはないと繰り返し言って聞かせたという。

養子を無条件に受け入れて、変わることなくその保護者であり続けようとするのがモナのような養親なのである。それによってはじめて養子は自分の居場所があることに安心するのである。

そのような養父母のもとで育っている養子でも、出生国を訪ねている。しかし、その訪問は、必ずしも実の親に会いたいという「生物学的衝動」もしくは「養子だったら誰でも持つ心理学的傾向」によるものとは限らない。そうではなく、むしろ彼らの「失われた時」を見出そうとする旅なのである。

実母に会えなくても、自分がいたことのある孤児院を訪れ、自分がいたころからそこで働いている人に会えてよかったと感想を述べる養子がいる。それは、例えばアルバムに自分の乳児期の写真がなく、またその写真をもとに自分の幼い日々のことを語ってくれる人もいなかったために生じた、空白の断片の一つが運よく埋まったような体験なのである。二〇〇五年当時ACでソーシャルワーカーをしていたリサは彼女自身養女である。一九七三年生まれの彼女は、二歳のときスリランカから養取された。ダブル・アイデンティティが奨励される以前の世代に属するリサは、二五歳と二七歳のとき、二度スリランカに行き、自分の育った施設も訪問した。

それはとても意味のあることだった。私が人生の最初を過ごした場所を見ることができたし、スリランカの文化や国にも触れることができた。それは私がそのときまで知らなかったことだった。スリランカの文化や国が私の一部なんだとそのとき感じることができた。以前は「どこから来たの」と訊ねられると「スリランカ」と答えていたが、スリランカのイメージは私の頭に全くなかった。スリランカを訪ねてからはスリランカとは何かが私にはわかった。そのことがとても意味のあることだった。でもスリランカへ行って自分がスリランカ人になれるとは思っていなかったし、余計な期待を抱かないように、スリランカに行く前から心がけていた。「生まれたインドに来て、とうとう私はインド人になれるんだ」と多くの養子は期待しすぎることがある。

序章でも述べたように、レヴィ＝ストロース[*21]は『野生の思考』の中で、「古文書の効力はわれわれを純粋歴史性と接触させることである」と言っている。

古文書の価値とは、書かれた内容にあるのではなく、物的存在と化した過去（例えばバッハの署名とか直筆の手紙のように、思い入れのあるもしくはかけがえのない過去のある人物の物的痕跡）に直に触れさせることなのであり、思い入れのあること、もしくはかけがえのなさとは、代替不可能性とか単独性とも言い換えられるが、レヴィ＝ストロースはそれを純粋歴史性あるいは根本的偶有性と呼んでいるのである。[*22]

養子たちが自分のいた孤児院を訪れるということは、現存している建物や今もそこで働いている人というかたちで具現化した、自分の人生の始まりとしての純粋歴史性に触れることなのである。リサのようにスウェーデン人である現在の自分とスリランカに生まれた自分との間に適正な距離を保つよう心がけながら、自身の始原に触れようとするのは、「神話的」出来事といえるのではないだろうか。

＊1　Kupka, M.S., A.P. Ferraretti, J. de Mouzon, K. Erb, T. D. Hooghe,J.A. Castilla, C. Calhaz-Jorge, C. De Geyter, V. Goossens, and The European IVF-monitoring (EIM) Consortium, Assited Reproductive Technology in Europe, 2010: Results generated from European Registers by ESHRE, *Human Reproduction* 29 (10), pp.2099-2113, Table IIより。

＊2　一方エヴァはイルヴァと違って、ＩＶＦの治療を受けていたが、三回で治療をやめベトナムからの養子をもらった。エヴァの場合もイルヴァ同様周囲に国際養子がいた。彼女の母方叔父は国際養子を四人（三人は韓国から、一人はタイから）養取しており、養子たちはエヴァ自身より年少だったので、彼女は彼らのベビーシッターをして彼らと親しくなり生活をともにしたという体験がある。だから親戚の中にアジアからの養子がいるというのは少

しも奇妙なことではなく、そのため彼女が国際養子を考えたとき、養子の出生国としてアジアを選んだのは自然な成り行きだったという。

＊3 二〇〇四年以後国際養子縁組数が減少し、特に近年は数が激減している。そのため斡旋できる養子がいなくなり、FFIAは閉鎖した。

＊4 Leinaweaver, Jessaca *Adoptive Migration*, p.33に紹介されている。

＊5 この背景には、子どもを養子に引き取った欧米の親たちが、中国人養子に虐待や性的暴行を加えたり、児童労働に利用しているという報道が中国で増え、そのため海外の養取仲介機関との業務を自重する孤児院が出てきたことが考えられる（シンラン、『中国、引き裂かれる母娘—一人っ子政策中国の国際養子の現実』、二二七ページ）。

＊6 Schneider, David M. *American Kinship: A Cultural Account* を参照。

＊7 Seligmann, Linda J., *Broken Links, Enduring Ties*, p.10

＊8 親族関係とは、「骨肉の争い」とか「血は水よりも濃い」のように固有のイディオムが関係表現として使われる。その親族の中に新生児や乳幼児を組み込み、親族の一員にすることを、ホヴェルはkinningという造語で表している。kinningは生物学的親子関係にも認められるものだが、養親による養子のkinningも、例えば養親の出身地方の伝統衣装を養子に着せて記念写真を撮ることなどによって、試みられている。外国生まれの子どもをノルウェー人にすることを（聖体拝領の）実体変化（transubstantiation）にホヴェルは喩えている（Howell, Signe, *The Kinning of Foreigners: Transnational Adoption in a Global Perspective*, pp.63-64）。

＊9 スカンジナビア諸国（スウェーデン、デンマーク、ノルウェー）のうち、デンマークとノルウェーは、ダブル・アイデンティティを推奨しているものの、二重国籍を認めていない。従って養子は出生国の国籍は保持していない。スウェーデンは二〇〇一年より二重国籍を認めており、出生国側が認めれば、養子が出生国のパスポートを有することは可能である（Barbara Yngvesson 二〇一四年六月七日付、私信）。

＊10 特にアメリカの中国人養子家族の出生国へのこだわりは強く、（白人の）アメリカ人養父母は古い伝統と歴史をもつ偉大な文明を養子から奪ったという罪の意識があり、そのため養女たちに幼い頃から民族舞踊や中国語を学ばせている（Jacobson, Heather, *Culture Keeping: White Mothers, International Adoption, and the Negotiation of Family Difference*, pp.77-78, pp110-111、Seligmann, Linda J., *Broken Links, Enduring Ties*, pp.101-102）。スウェーデンでも中国の旧正月に中華料理を食べるだけではない。ともに

中国へ子どもを引き取りに行った養親たちは、帰国後も一年に一度は集まって休日をともにするなど、交流を深めている。

＊11 国旗、音楽や美術品、文学、料理などは、出生国の政治経済的・社会的「今」とは直接関わりがない。それらは観光客が思い描くオリエンタリズム的な異文化表象に近い。

＊12 Yngvesson, Barbara, "Un Niño de Cualquier Color": Race and Nation in Inter-country Adoptionを参照。

＊13 ミシェル・フーコー、『言葉と物』、一六ページ

＊14 こういう場合には「あなたのお父さんではなくお母さんの方かもね」と養母は応じてきたという。この家族の中では韓国の話題はタブーではなく、いつも普通に語られるものとして親子の間にあったのだ。

＊15 Von Melen, Anna, *Strength to Survive and Courage to Live: 18 Adoptees on Adoption*, p.50

＊16 *Strength to Survive and Courage to Live*, p.50

＊17 Wegar, Katarina, Introduction, in K.Wegar (ed.) *Adoptive Families in a Diverse Society*, p.10

＊18 この点で急先鋒なのが、スウェーデンの韓国人養子トビアス・ヒュビネットである。Hübinette, Tobias, 'Adopted Koreans and the Development of Identity in the "Third-Space"', *Adoptions and Fostering*, 28(1), pp.16-24' Hübinette, Tobias, 'Disembedded and Free-Floating Bodies Out-of-Control: Examining the Borderline Existence of Adopted Koreans', Talk at the first Global Adoption Research Conference held at Copenhagen, 8th September 2005' Hübinette, Tobias, 'Words that Wound': Swedish Whiteness and Its Inability to Accommodate Minority Experiences, Kristín Loftsdóttir & Lars Jensen (eds): *Whiteness and Postcolonialism in the Nordic Region: Exceptionalism, Migrant Others and National Identities*など参照。

＊19 例えばHübinette, Tobias & Malinda Andersson 'Between Colourblindess and Ethnicisation: Transnational Adoptees and Race in a Swedish Context', *Adoption and Fostering*, pp.97-103' Hübinette, Tobias & Carina Tigervall 'To be Non-white in a Colour-Blind Society: Conversations with Adoptees and Adoptive Parents in Sweden on Everyday Racism', *Journal of Intercultural Studies*, pp.335-353' Hübinette, Tobias and Tigervall 'When Racism Becomes Individualised: Experiences of Racialisation among the Adult Adoptees and Adoptive Parents of Sweden', Suvi Keskinen, Salla Touri, Sari Irni & Diana Milinari (eds): *Complying with Colonialism: Gender, Race and Ethnicity in the Nordic Region*, pp.119-135' Andersson, Malinda, Seeing through the White Gaze: Racialised Marking of (Un)familiar bodies in Swedish Transnational

Adoption Policy, *Graduate Journal of Social Science*, pp.65-83など。

＊20 Watkins, Mary "Adoption and Identity", in K.Wegar (ed.) *Adoptive Families in a Diverse Society*, p.271

＊21 レヴィ＝ストロース、『野生の思考』、二九一ページ

＊22 『野生の思考』、二九一ページ

第7章

「小さな『家』」としての国際養子家族

国際養子家族は、永続性を持つ一個の法人としての
「家」とはいえないのだろうか。
本章では、スウェーデンの三世代にわたる
国際養子家族の言葉を紹介しつつ、レヴィ=ストロースの
「家」概念を踏まえた、津上誠の「小さな『家』」という新たな概念を提示したい。
そこでは、「惜しみなき贈与」による人格の相互浸透という、
いわば生物学的家族に見られるのと同様、
もしくはそれ以上の強い結びつきがみられる。

1　三代の国際養子家族

国際養子についてその生い立ちや思いを、これまではなかば細切れに述べてきたが、ここである養子家族について、まとまった紹介をしてみたい。登場していただくのはレナルトとアニタ、その養女のカリナとその夫で自身も国際養子であるアンデッシュ（第2章事例3をはじめこれまでたびたび言及してきた）、そして彼らの養子と実子であるヴィクターとアリスである。彼らを紹介するのは、かつての国際養子同士が夫婦になり今度は国際養子の養父母になったというだけにとどまらず、血縁関係にない者たちが三世代にわたって家族をなしていて、そこに、「家」としての国際養子家族の別の側面を見ることができるからである。

第一世代〜レナルトとアニタ

レナルトは、一九四三年生まれ、アニタは一九四六年生まれ、スウェーデン人の二人は一九六九年にストックホルムの同じ銀行で働いているとき出会った。七〇年にパートナーになり、七二年に結婚した。結婚は養子縁組をするためである。

彼らはレナルトの兄の息子を里子として七ヶ月育てたことがある。しかしそれ以前から養子縁組を考えていた。スウェーデンでは一九六〇年代に国際養子縁組がスタートし、韓国人養子が最も一般的だった。レナルトとアニタもたくさんの養子を見てきた。

私たちは自分たちの子どもをつくることができるが、世界中には親を必要とする子どもたちがたくさんいる。だったら、私たちがその子たちの親になろう。

彼らは一九七四年に開かれたＡＣ（養子縁組斡旋団体のAdoptionscentrum）主催のエクシビションに参加した。このとき養親候補者のための教育コースが開催され、国中から人々が集まったという。しかし彼らが養子縁組の申請を始めたのは、もっと早くだった。当時は韓国からの養子縁組が一般的だったが、エクアドルからなら手続きが早く進むとＡＣに言われ、エクアドルを選択した。

私たちに選択権があったわけではなく、彼ら（ＡＣ）が提案してきてそれを受け入れるかどうかだった。「この国だったら早くすむし、小さな子どもも見つかるし……」。

三世代の養子家族
（左からアリス、アニタ、カリナ、ヴィクター、レナルト、アンデッシュ、）

養女カリナがエクアドルからやって来たのは、一九七五年、十月二十九日だった。エクアドルからエスコートにつきそわれストックホルム近郊のアーランダ空港に到着した。この当時出生国へ養子を引き取りに行くのは稀だった。彼女は同じ年の八月八日にエクアドルの首都キトで生まれた。生後約二ヶ月で養女に来たことになる。

実はカリナをもらう前にローサという別の女の子を養女にもらうことになっていた。一九七五年の夏のことだ。その子は生後三〇ヶ月で、彼女を迎えられるよう準備をしてアーランダ空港に出迎えにいくつもりでいたとき、彼女の祖母が彼女の面倒を見るという知らせが来て「この縁組の話はなくなった」。彼女のためにはよかったけれど、私たちは悲しかった。それでパリへ旅行に行ったんだよ（笑い）。そのあとでカリナの話が来た。カリナは八月八日生まれだから、ACは生まれる頃から彼女のことを知っていたと思う。彼女は未熟児で生き延びられないのではないか、それではっきりするまで何も知らせなかったのではないかと思った。誕生日しかわからず、生まれたときの体重も知らされていなかった。でも生後三ヶ月で三三〇〇グラムになっていた。

カリナの養取の打診があったのは一九七五年十月で、パリから戻ってすぐだった。エクアドルで事態がどう進展したのかはわからない。彼女は病院に放置されていたので養子縁組が認められたようだ。

カリナを養取したあとレナルトとアニタは、彼女に弟か妹が必要と考え、第二子を養取することを決め、再びACに連絡をとった。一九七六年のことだった。しかしアニタの卵巣に腫瘍が見つかり摘出手術のため入院しなくてはならず、養子縁組の手続きを中断しなくてはならなくなった。このような場合、養父母候補者の健康に問題がないか、ガンが再発していないかを確かめるため、手続き再開まで五年待たなくてはならないというのがACの決まりだった。アニタがガンの手術をしたのは一九七七年、申請手続き再開が認められたのは一九八二年の終わりだった。ACはできるだけ早く養子が見つかるよう手続きを進め、チリに第二子となる男の子を引き取りに行ったのは、一九八三年三月だった。この当時もまだ養子を出生国まで引き取りに行くのは一般的ではなかったが、チリの側が望んでいたため、出かけていった。第一子であるカリナの出生国であるエクアドルではなくチリを選んだのは、当時エクアドルとは養子縁組ができなくなっていたからだという。

男の子はダニエルと名づけられた。養取されたとき彼は二歳半だった。ダニエルは養取されるまでの間、チリで五、六人の里親に育てられていた。スウェーデンに来てからもいつもおなかを空かせていて、かなりつらい体験をチリでしていたようだ。そのためか、ダニエルが養父母や姉に心をひらくまで時間がかかったらしい。しかしダニエルを引き取った最初の三ヶ月は、レナルトが育児休暇をとって週のほとんどは家にいてダニエルに接したので、レナルトとアニタがダニエルを棄てることはないとわかってから、彼らを安心して信頼するようになったと、ダニエルの姉にあたるカリナは語っている。

ダニエルが学校に通い出したとき、ダニエルの養取のことを周囲が知らない土地へ引っ越しをしたあとだったので、ダニエルの学校に行き、彼のクラスメートにダニエルの生い立ちを話して聞かせた。それが功を奏して外見の違いから来るいじめや差別などは一度もなかったという。ダニエル自身も外見の違いに悩んだことは一度もなかった。

ダニエルとカリナのアルバム写真を見ながら、レナルトとアニタは話を聞かせてくれ、こう言った。

私たちは私たちの二人の子どもを愛している。養子に来るはずだったのは別の子どもたちだったかもしれない。その場合も彼らを愛しただろうが、今振り返って言えるのは、私たちの今の子どもを私たちは愛していると言うことだ。

第二世代～カリナとアンデッシュ

レナルトとアニタの長女カリナは、養父母への愛着がとても強い。レナルトとアニタが出生国のエクアドルへ行かないかと誘っても、頑として拒んだ。

子どもの頃は親を失うことがとても怖かったんです。エクアドルの誰かが私を連れ戻しにくるのが怖かった。両親はそんなことはあり得ないし、私たちはずっとお前の親だよと言いましたが、信じられませんでしたが、五、六歳の頃から両親はエクアドルへ行くかいと毎年のように訊ねてきましたが、その度に「ノー」と言いました。私は本当の親だと感じていました。それに私の最初の母、生みの母が本当の母だと両親が言うのが好きではありませんでした。「お母さん、そんなこと言わないでよ、お母さんが私の本当のお母さんよ！」と私は言いました。「彼女は私の出産の母か、最初の母というだけよ、本当のお母さんじゃない」と自分が正しいと思っていることを言うのが私には大事でした。私が知っている唯一の母は養母なのです。

同じ「人種」という生物学的に近い人たち（エクアドルの人々）がカリナにとって他者であり、生物学的には血のつながりのない養父母の方が「本当の身内」になるという反転がカリナの中に見られる。彼女にとってなじみがあり「自然」なのは、生物学を介しない関係である。自らの誕生について、彼女はコウノトリが運んできたのではないことを幼い頃、力説していた。

三歳だった頃、母が隣人の女性と話していました。彼女は妊婦でおなかがとても大きかった。

私は彼女のおなかを指差して「私はおなかから生まれていないわ」って言いました。隣人の女性は「それじゃあ、どこから来たの」と聞きました。私は空を指差して「飛行機で来たの」って言ったんです。私にとってそれは普通のことでした。両親はいつも「アーランダ空港で出迎えて」私を手にしたすばらしい日のことを話してくれました。彼らの人生で最も美しい日だったと。両親の幸福は私と私の弟が来たことでした。だから「飛行機で来た」というのは、私にとってはとても自然なことでした。それでかなり早い頃から学校で友達の誰彼になくこの話をしていました。

カリナは養父母と同じように人生最良の日を体験したい、養父母が体験したのと同じ、人生で最も美しい日を自分も反復したいと思った。生物学的つながりがない子でも愛することができ、親子になることができるという養父母の思いや体験を次につなげていきたい、永続化させようとしているのである。

私は、私たちの父母が私たちを子どもとして迎えたとき、感じたのと同じ体験をしたかった。彼らは私たちをどんなに愛しているか話してくれてきたし、私と私の弟が来たとき嬉しくて、両親は泣き出し、話すことができなかったと言っていました。

たとえ不妊になったとしても生殖医療による治療を受けるのではなく、養父母同様、養子縁組しようと、カリナは考えていた。彼女は今の夫であるアンデッシュの前に生粋のスウェーデン人と結婚していた。しかし、不妊治療や養子縁組の受け止め方が自分と全く異なっていたため、この男性とは別れたという。

アンデッシュもカリナと同じ国際養子である。彼は一九七七年二月韓国で生まれ、生後六ヶ月のときスウェーデンに来た。両親（養父母のこと、以下同じ）は子どもを欲しがったが恵まれなかった。その頃父方のおじが韓国から養子をもらい（アンデッシュより三歳年上）、とてもうまくいっていたので、アンデッシュの養父母も韓国から養子をもらうことにした。アンデッシュは成長するとストックホルムでデザインを勉強した後、ロンドンでも二年半デザインの勉強を続けた。ロンドン滞在中に韓国人女性と知り合いになり、スウェーデンに帰国後、韓国にいる彼女を訪ねる機会ができた。二〇〇一年二四歳のときで、韓国に二週間滞在した。このときの体験をブログに綴ったのを読んだカリナが連絡してきた。二人はメールのやりとりの後実際に会うことにした。そして交際が始まり結婚した。

アンデッシュは生物学的両親の名前を知っているという。養子縁組の際に韓国から受け取った記録に書かれていたらしい。しかし韓国の文化や国について興味はあったが生みの親にはなかった、スウェーデンに自分の両親がいると思っていたからだ。それはカリナと同じである。そのようなカップルにとって、なかなか実子が授からないとき養子縁組を選択するのは自然なことといえるだろう。アンデッシュは言う。

ふつうのスウェーデン人にとって、子どもができないので外国から養子をというのは、大きな一歩を踏み出すことだと思うけど、私たちの場合、子どもができないので養子をもらおうと思うのはとても自然だった。

カリナは自分の生物学的子どもが欲しいと思ったことなどなかった。

［不妊だったとき］私は医学的治療を受けたくなかった。もし妊娠しなかったら、薬を投与されたり外科手術を受けることになる。それはしたくなかった。そうしなくてはならないなら養子をもらおうと私たちは考えました。自分の子がほしいと夢見たこともありませんでした。小さい頃人形で遊んでいたとき母が「赤ん坊はどうやってあなたのところに来るの」と聞いてきたけど、おなかの中からということを頑として認めませんでした。実の子を生むのは重要ではありませんでした。私はただ母になりたかっただけです。

自分が生んだ子でなくても子どもをどんなに愛することができるか［レナルトとアニタを見て］私たちはわかっていました。でもヴィクター［彼女たちの養子］を引き取りにいくときは少し不安でした。もしこの子を好きになれなかったらどうしよう、この子が私たちのことを好きにならなかったらどうしようと。でも最初から愛はありました。

第三世代～ヴィクターとアリス

アンデッシュとカリナが養子をもらおうと決めたのは二〇〇四年一月、養親候補者として承認されたのが同年六月だった。養子は南アメリカかアジアからと話し合っていた。

アフリカからでも私たちは気にしません。でもカリナが南アメリカ出身で私がアジアから、そしてスウェーデンに住んでいますから、アフリカの子どもが来たらUN（国連）のようだとそのときは思いました（笑い）。

ACと話し合い、［カリナの出身国である］エクアドルから養子をもらうことにして申請書類を送ったのだが、二〇〇五年は一年間何事も起こらなかった。二〇〇六年にACに問い合わせても、エクアドルで事態に進展があるのか全くわからなかった。エクアドルは韓国同様、まず国内で養親を見つけることに方針を転換していたようだ。そのため、夫婦はエクアドルをやめてベトナムに新たに申請書類を送ろうとした。そのときだ、ベトナムから彼らの息子になるヴィクターの書類が届いたのは。二〇〇七年四月だった。何が起きたのかわからず、とても混乱したという。もう一年くらい待つと思っていたのだ。

　眼に病気のある子どもなので急いで養親を探しているという手紙でした。この子が欲しいですかと書いてあったので「ええぜひ」と答えました。ですからベトナムへ送ったのは養子申請の一般的な書類ではなくて、この子［ヴィクター］を養子にもらう申請書類になりました。私たちがベトナムに行く前に必要な、警察の報告書や医療報告書が届くまで、それから半年待ちました。

二〇〇七年十月ベトナムにでかけた。ヴィクターは当時一三ヶ月だった。同年十一月十日に帰国した。誕生日だけでなくこの日も祝っているという。リビングの壁には、デザインを職業としているアンデッシュが作成したヴィクターの写真入りの新聞が、飾ってあった。見出しは「ヴィクターが来るまで三年待った」である。

　アンデッシュ一家に最初の取材をした二〇〇九年九月カリナは妊娠していた（51ページの写真参照）。その年の十二月に彼女は長女アリスを生んだ。しかし出産後彼女の体調は回復せず、疲れやすく食欲も落ち、仕事に行くこともできなかった。

　彼女の胃は若年性ポリポーシス[*1]にかかっていたのである。妊娠中からカリナは嘔吐がひどく、胃液を三リットル近く吐いていた。医者は妊娠のせいだと言って深刻に取り合わなかったが、出産後も続くので、ようやくただ事ではないことに気づき、検査の結果若年性ポリポーシスだと判明したのだ。

この病気はスウェーデンでは症例が少ない。彼女が住んでいるヨッテボリの大学病院でも手術例がなく、ストックホルムのカロリンスカ病院に入院し手術を受けることになった。そのためカリナはアリスの出産後七ヶ月間家族の元を離れた。その間アンデッシュがおしめを替え、ほ乳瓶でミルクも与えて、アリスの面倒をみて、家事を行ってきた。またカリナの両親であるレナルトとアニタも娘夫婦の家に移り住んでアンデッシュとともに孫たちの世話をしてくれた。このときのことをレナルトはこう語った。

私とヴィクターは特別な関係なんだよ。カリナが病気になったとき、毎日彼をデイケア（保育所）に送り迎えしたんだ。それでお互いとても近しくなった。

祖父母が孫と同じ住居に住むことは、今日のスウェーデンでは稀なことだが、子どもたちと祖父母が仲よくなれてとてもよかったと、アンデッシュも語っている。

二〇一五年九月初めに彼ら一家を再訪したとき、レナルトは、

昨日地元のプロサッカーチームの試合をヴィクターと一緒に見に行ったんだよ。初めての試

合観戦でヴィクターはとても興奮したけど、私も興奮したよ。

と嬉しそうに話してくれた。

母が一大事のとき、養子と実子の兄妹の絆も強くなり、どちらもお互いをとても必要とするようになった。それぞれの子ども部屋が与えられても、二人とも同じ子ども部屋にいることを望んだという。ヴィクターが地図でベトナムを指して「僕はベトナムから来たんだ」と言うと、妹のアリスも私もベトナムから来たかったと話していたという。妹は（血のつながらない）兄と同じようでありたいと思い、兄も妹の言うことはよく聞くようになっていった。

2 現代社会の「小さな『家』」

「小さな『家』」とは

前章で述べてきたように、国際養子家族では、レヴィ＝ストロースが「家」の特徴として述べている反転や駆け引きが見出せる。しかし、称号や姓・財産をもつ永続する一個の法人としての「家」の特徴は、前節で紹介したレナルトとアニタにはじまる国際養子家族にはあてはまらない。国際養子家族とはいえ、欧米の核家族であることに変わりはなく、欧米の核家族は、その構成メンバーが替わっても永続するまとまりを持ち続けるとは言えないからだ。

では国際養子家族を最終的には「家」と呼ぶことはできないのだろうか。あきらめるのは早い。この点で示唆を与えてくれるのが、津上誠の論考である。津上は、レヴィ=ストロースの「家」概念を踏まえて、新たに「家」を以下のように規定し直している。

> 現実あるいは想像の中で、何らかの場(家屋、土地など)を共にし、特定の生活資源を分かちあう人々が、自分たちは世代を超えて連なり、また自分たちと結びついた共有財や名称も世代を超えて連続しているのだと、イメージしている様態。*2

この再定義に従うなら、ボルネオのカヤン社会では、世帯より村が「家」になる。世帯(アミン)の永続性を人々は想像しておらず、世帯もぼんやりとした社会的境界しかもたない。それに対して村については、首長筋のリーダーシップのもとでの永続性を村人は想像する。ただし、それは日常的リアリティとして根づいているというより、「遠い過去に思いを馳せるような特別な機会に」限られている。ではカヤンには日常的リアリティとして根づく「家」はないのだろうか。

「家」はないが「家」らしきものはあると津上は言い、それを「小さな『家』」と彼は呼んでいる。カヤンでは、子は親の延長であり、子ども(特に男の子)をつくることが重要であると考えられている。しかし延長と言っても生殖によって自動的につくられるのではなく、何らかのやりとりを繰り返すという「関わり合い慣れ親しみ合うことによって延長関係が生まれる」。また子どもだけでなく、財産も人の延長あるいは体現と考えられている。人が働きかけたり使い続けたりしたモノには、その人の人格が宿るという感覚がカヤンにはある。このような延長関係と体現関係の中に、「家」の基本があると津上は考える。つまり、自分と延長関係をつくった人々が自分の人格を帯びたモノたちを受け継ぐ。そこにこそ自己の永続性を重ねようとしている。そのありかたが「家」ということであり、人とモノのまとまりがたとえ二世代だけの「不完全」に見えるものでも、延長・体現関係によるものであるなら「家」とみなすことができる。そう津上は考えて、それを「小さな『家』」と呼んだのである。[*3]

「惜しみなき与え合い」

「小さな『家』」は、核家族が典型的家族像とは呼べなくなった現代世界にも見出すことができる。そのことを説得的に論じるために、津上はアメリカの著名な人類学者マーシャル・サーリンズの交換論に言及し、それを補足するように「惜しみなき与え合い」という概念を提示する。

サーリンズは「友人が贈与をすれば、贈与が友人をつくるのだ」と述べている。[*4] 津上はこれを「交換は間柄を作り、更新する」ことと読み換える。AとBが友だちになる始まりのときには、必ず互いによくする交換があり、その後友だちであり続けるなら、「友だちだから」と言って同様の交換を繰り返し、不断に関係をつくり続ける。

交換がつくり出し更新するのは友だち関係だけではない。親族関係あるいはより限定すれば親子の関係もそうではないだろうか。サーリンズの論とは生物学的絆の上に立つことのない親族理論を素描したものではないか、それがサーリンズの可能性ではないかと津上は問いかけ、その徹底化を試みる。

では、間柄をつくり更新する交換とはどのようなものか。津上は「惜しみなき与え合い」という、通常は「交換」とは呼ばれないやりとりを考える。それは「私のものはあなたのもの」という精神で財やサービスをやりとりすることである。私は財やサービスをもたらすが、それは、私のものであっても既にあなたのものとして差し出すことであり、「私のもの」「あなたのもの」の間に明確な違いを示す境界線が引かれることなく、私とあなたとの間には「互いに他人ではない」という間柄がつくられ更新されることである。

一般に贈与交換は、私のもの（は私のものだがそれ）をあなたにあげるという精神で行われるやりとりであり、「私」と「あなた」との間に明確な境界線が引かれる。この場合あなたと私は他人同士である。しかし、「惜しみなき与えあい」はこの境界線を乗り越える。それは他人を他人のままにしておかない、つまり身内をつくり出す「交換」である。

食事を「惜しみなく」提供してくれた母親にぺこぺこ感謝するのも、労賃を尋ねて支払いを申し出るのも、贈与交換や市場交換の交換タイプを選ぶ行為であり、母親との間柄（「お互い他人ではない」）に相応しくない。私たちは黙って当たり前のように食事の提供を受けることによって、母親を、母親が私にそうしてきたのと同じように、身内としてその都度生きさせているのだ。*5

原理的には、「惜しみなき与え合い」をすることによって、人は誰とでも身内になることができる。とはいえ「誰と『惜しみなき与え合い』をして身内になるべきか」は社会が異なれば、その線引きも異なるのである。

ではこの「惜しみなき与え合い」と「身内」になることが「小さな『家』」とどう結びつくのだろうか。

生活の場を共有する人たちが、その「場を共にするというただ一点から出発して」「惜しみなき与え合い」を行い身内になり延長関係をつくるとき、その関係のあり方を「家」というのである。「家」においては「惜しみなき与え合い」という交換が身内という間柄をつくるのである。

人と惜しみなき与えあいを繰り返すことによって、人を自己の延長とし、自分を体現するモノを自分の延長である人が受け継ぐとき、たとえそれが二世代で終わるにしても、そのような関係は「家」と呼ぶことができるのである。*6

自分に連なる者が自分の人格を帯びたモノを受け継ぐことがみこまれている、人はそのささやかな永続性に自己を重ねている、それが「小さな『家』」であるが、国際養子家族も「小さな『家』」ではないだろうか。

食事を与える、宿題を一緒にする、病院に連れて行く、一緒に遊ぶ等々。財（食べ物や衣類、おもちゃ等）とサービスそして愛情を惜しみなく与えることで、養子家族は身体的連続性がなくても、延長関係をつくることができるのである。そして養父母の人格を帯びたモノを受け継ぐことで、養子は「小さな『家』」をつくっていくのではないだろうか。

世代をまたいで受け継がれる贈与と反復

同様のことは普通の生物学的核家族にもいえるだろうが、国際養子家族の場合、レヴィ＝ストロースの「家」の定義にあった反転や駆け引きという特徴が親子関係の中に見出すことができるという点において「家」的であることもあわせて考慮すれば、「小さな『家』」と呼ぶのによりふさわしい。

カリナが若年性ポリポーシスにかかったとき、レナルトとアニタは、婿のアンデッシュや孫たちのもとに移り住み、孫たちの世話をした。彼らは「惜しみなき与え」を養子たちから孫たちへと広げていったのだ。カリナの病気という偶然の出来事によるものではあるが、世話や愛情を「惜しみなく与える」のは、二世代を超えて続いているのである。アンデッシュも、家事をして子どもたちとの時間ができるよう転職した。アンデッシュは、子どもたちに受け継がせる形見のような品を養父からもらってはいないと言い、またそのような品を特別重要にも思ってはいない。しかし彼も、かつて養父母から受けた「惜しみなき愛情」を子どもたちに与えているのである。

レナルトは、カリナとダニエルの成長の記録を、実に多くの写真とアルバムに残している。幼いときのダニエルとカリナ、若かりしアニタが、身長順に前後一列に立った写真は、今もダニエルのアパートの一室に置かれている。カリナとアンデッシュも、レナルト同様に自分たちと子どもたちの写真を撮り続けている。アンデッシュはデザインや写真のプロなので、かなり凝ったアルバムを作成している。養父母の養子への思いが託された写真を撮るという営みを、親になった養子は続けているのである。

上の世代の「惜しみなき贈与」を示す振る舞いや考え方は、カリナの場合により顕著に確実に受け継がれている。

「女の子は父親に似る、男の子は母親に似るとよく言うけれど私たちもそうだ」とカリナは言う。しかし子どもと初めて対面したときに抱いた印象を表現するとき、彼女はアニタと同じような感じ方をしている。

第6章でも述べたが、カリナはヴィクターに会ってすぐ愛情を感じ、この子は私の子だと思ったが、「実の子」であるアリスを愛おしく思うのには時間がかかった。はじめて会った時ヴィクターは感情を表現できる一人前の人間だったが、アリスはただ泣くだけだった。アニタも同様の見地から、二人の養子に対する接し方の違いを述べている。

二人はとても異なっていた。「カリナは養女に来たとき赤ん坊で」赤ん坊は、とても小さく生きるための基本的欲求を母親に充たしてくれるようまず求めてくる。だから親に頼る。でも少し大きくなった養子は、それだけで一人の人間なのよ。ダニエルに最初に会った時から愛があったというわけではない。赤ん坊でスウェーデンに来たカリナのときと同じではなかった。でも今ではダニエルは大切な息子よ。

感じ方は正反対であるとはいえ、ある程度の意志表現できる一個の人格か単なる赤ん坊かによって、子どもへの印象が異なったという点で、養女は養母の感受性を受け継いだといえよう。

またカリナは、彼女を迎えたときが人生最良のときだと言った養父母の感激を反復しようと、不妊治療をせず養子縁組を申請した。感受性のこのような反復や「惜しみなき贈与」の継続とは、津上の言う延長関係と呼べるが、これを「人格」のあり方という点から捉え直してみよう。

3 相互浸透

動き続けるまとまり「社会」

イギリスの社会人類学者ティム・インゴルドは、近著『線分の生』(*The Life of Lines*)の冒頭で、生まれたての赤ん坊が母親にするように、抱きついて離れようとしないことが社会性の始まりだ、と述べている。[*7] 私たちは、常に既に他者のいる世界に生まれ落ちる。無意識に行っているにせよ、しがみつくのは生き延びるためである。社会性とは生の維持に他ならない。

抱きついたりしがみついて離れようとしないことは、人間だけにみられることではないし、抱きつかれるものも人間に限定されないが、その際何が生じているのだろうか。今かりに人間や生命体の個体を塊あるいは滴(両方ともblobの訳語)に喩えたとしてみよう。固体を塊とみなすのは、問題ないかに見える。しかしそうではない。塊には内と外があり、他のものと区別されている。塊は、縮んだり伸びたりして特定の場所を占有するが、塊にできないのはしがみつくことである。あるいはその特定の形や内実を変えることなくして塊は互いにしがみつくことはできない。塊が塊のままであるとき、そこには社会性はないのだとインゴルドは言う。塊と他の塊が線分でつながれてこそ、塊は存続できる。[*8]

インゴルドは、アンリ・マティスの「ダンス」という有名な絵を例に出している。塊のごとく描かれた裸の五人は、互いに手を握り、手をつなぎながら（あるいは手を握ろうとしながら）円を描いて踊り続けているようにみえる。互いの指を組み合わせることとは、五人が一つのまとまりをつくる手段である。まとまりとは全体であり「社会」と呼ぶことができる。しかし、このまとまりは、静止しているのではなく、動き続けるものとして描かれている。絵の前方真ん中の背中しか見えない人物は、その左側の人物と手をつなごうと相手の右手に向かって左手を差し出している。社会は動いているのだ。＊9

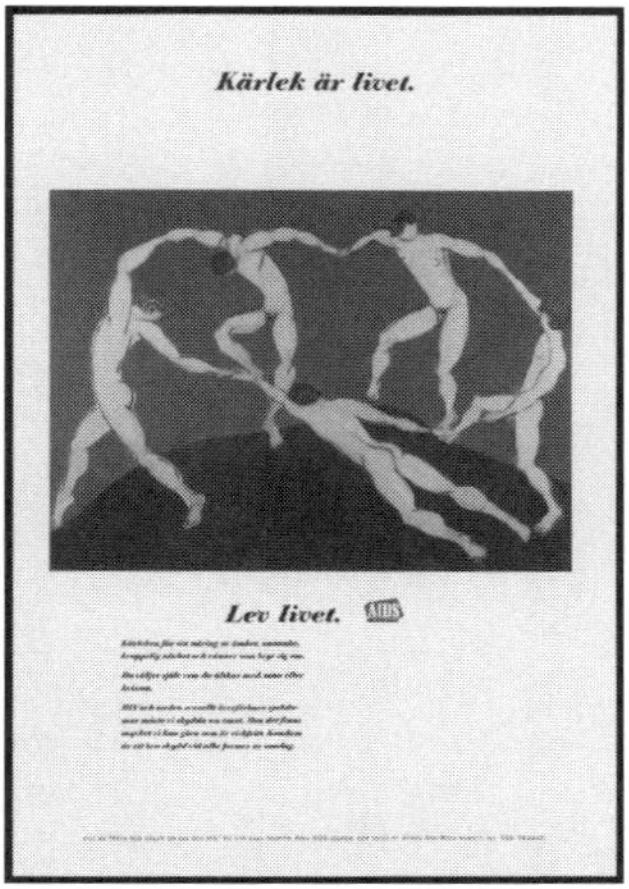

「ダンス」を使ったポスター＊10

では互いに手を組み合わせるとき、一人一人の関係はどのようなものになっているだろうか。例えば、一人の人物はその右側の人の手を握っている。しかしその手はその相手の手に握られてもいる。左側の人物との手にも同じことがいえる。私はあなたの手を握っている。しかしあなたも同時に私の手を握っている。私の手は握ってもいるが握られてもいる。あなたの手が私の手を握っていることによって、私の手が私のものであることを、あるいは握られているのが私であることを私は実感するとともに、私は、私の手においてあなたの手を感じる、あるいはあなたを感じるのである。握り握られる手と手において、あなたの存在と私の存在が相互に浸透し合うといえばよいだろうか。私は私であるが何ほどかは「あなた」でもあるのだ。社会とはこの相互浸透であることを述べたのが、フランスの社会学者マルセル・モースの『贈与論』である。[*11]

二者間に限定されない贈与

贈り物には、贈る義務、受け取る義務、お返しする義務があるという有名な三つの義務を述べたこの古典の中で、オセアニアや北アメリカ北西部の先住民の贈与交換では、贈られる物は魂を有していて、「何かを誰かに贈るということは、自分自身の何者かを贈ることになる」[*12]、逆に物を受け取ることは、贈った人の魂あるいは霊的な本質を受け取ることに他ならないと、モースは繰り返し強調している。

贈り物に宿る魂とは、物それ自体の魂でもあるが同時に何ほどかはその所有者の魂でもある。「事物はなにがしかの程度において魂なのであるし、逆に個人・集団はなにがしかの程度において事物のようにあつかわれるのだから」[*13]、贈られる物と贈る側・受け取る側は物と人の区分を越えて一つの線分でつながっている。しかしその紐帯は魂と魂の紐帯なのである。

贈与を受け取るなら必ずお返しをしなくてはならない義務がある。贈る側は次には受け取る側になる。かくして、贈与を遣り取りする二つの存在は、贈与物を介して互いの魂あるいは存在そのものを受け取ることになり、それ自身であると同時になにがしかの程度において相手の存在も有しているという、相互浸透がそこに見出されることになる。

『贈与論』をめぐる議論ではあまり注目されることはないが、シベリアのチュクチ族の神話が人格の相互浸透を語っている。

競い合いの後二人のシャーマンの間で（空を飛ぶ翼になる）ナイフと首飾りが交換される。さらに二人は互いの補佐霊を交換しついには体も交換する。しかし一方のシャーマンは他方のように、飛翔した後着地し地面に潜ることがうまくいかない。そこで彼は相手の腕輪を求め、代わりに自分の房飾りを差し出す。房飾りは彼の「動きの導き手」なのだった。[*14]

この神話では、二人のシャーマンが、互いの持ち物や体を交換して相手の能力の一部も獲得している。それがここで語られている相互浸透である。

しかし、モースは、交換する当事者間にのみ相互浸透が生じるものとは考えていない。北アメリカ北西部先住民の間では、（気前の良さを競い合い、受け取った側はもらった以上の量の品をお返ししなくては名誉と威信を失うという）競覇型の贈与交換であるポトラッチが行われていたが、相互浸透は贈る側と受け取る側という二者間に限定されない。

ポトラッチは、そこに立ち会い、それに参加する死者の魂にも、人間がその名前を受け継いでいる死者の魂にも作用を及ぼす。その上さらに、ポトラッチは自然に対しても作用をおよぼすのである。人間というのは、「名前を継いだもの（name-sakes）」、すなわち霊と同じ名前を受け継ぐものであるので、人間どうしのあいだで贈り物を交換すれば、その交換が死者の霊や神々や諸事物や動物や自然に働きかけて、「人間に対して気前よく」あるよう促すのである。*15

贈与の働きかけを介して、動物や自然とも同名である死者とも、人間は相互浸透しているのである。相互浸透とは社会性であり、それが生を支えるということであるのなら、インゴルドの言うように、人間や動物、物を「塊」としてだけ表象するのは不適切になるだろう。

しがみつき、含みこむ

また贈ったら受け取りお返しをしなくてはいけないという義務の命ずるところに応じて、相互浸透は持続していくことになる。

社会にあって捕捉されるのは、観念であったり規範であったりする以上に、人であり集団であり、人や集団の振る舞いである。目に止まるのはそれらが動くさまであり、それはたとえば、力学にあって質量や系が目に止まったり、海にあってタコやイソギンチャクが目に止まるのと同じである。わたしたちが目にするのはおびただしい人間たちなのだ。それがすなわち動的な力なのであり、そういう人間たちが自分たちの環境のなかを、そしてまた自分たちの感情のなかを、浮動しているのである。*16

インゴルドは、『贈与論』の中でさほど注目されることのないこの箇所に言及して、モースがタコやイソギンチャクという喩えを使っていることに注意を促している。*17 相互浸透し合う人や集団は、触手や足をぬめぬめと動かして周囲を取り込むと同時に、周囲ににじみ出していく軟体動物や刺胞動物のように流動的であり、不動の岩のごとき実体ではないのだ。赤ん坊が母の乳房にしがみついて母乳を吸うという、生を支える社会性のはじまりのときから既に、人は自らのうちに他者の存在が浸透することを受け入れているのだ。

養取される子が養母の母乳を吸うわけではない。しかし、養父母が養子に愛情の「惜しみなき贈与」をするとき、そこに見出されるのもこの浸透であることに気づく。カリナは生物学的子どもがなかなかできないからと生殖医療を試みるのではなく、彼女を空港に出迎えた日が彼らの人生の中で最も美しい日だったといった養父母と同じ体験をしたくて、養子縁組を選択した。養父母の感受性が彼女の中に浸透し、それを彼女は自身で反復しようとしたのだ。さらにカリナの場合、養父母の存在は、あり得ないはずの身体的（遺伝的）つながりがあるかのように彼女に思わせるほど強い。以下のようなエピソードを彼女は話してくれた。

二〇〇七年私の腸に腫瘍が見つかったとき［既に述べた若年性ポリポーシスとは別のもの］、医者は家系によるものか聞いてきました。私は「はい」と答えました。医者は驚きました。家族の中の誰かに腫瘍があるなら深刻なものになるかもしれないって。それで私は自分が養女だということを伝えました。私の父は生物学的父ではないけれど私にとっては唯一の父です。「お父さん、お母さんに病気があるか」と聞かれると、私は「はい」と答えてしまい、それから遺伝的つながりがないことを思い出しました。父も母も腫瘍を患いましたが、生き延びました。私にも腫瘍が見つかったとき両親は驚きました。［遺伝的つながりはないのに同じような病気にかかるくらい］私たちは結びつきの強い家族でした。

身体的病の中においても、彼女は養父母を見出しているのである。

しかしインゴルドやモースが述べていたのは、「相互」浸透だったはずである。養父母の中に養子という存在は浸透しているといえるだろうか。

ある意味でそれは自明のことといえる。養子になる子どもが見つかったという連絡を受け、子どもの写真が送られると、引き取りに行くまで写真を肌身離さず持っていたと、韓国から二人の子を養取した女性が話してくれた。養子の存在は養父母たちの心の中に早くから浸透しているのである。

デンマークの自治領であるフェロー諸島に住むビルギール（一九六六年生まれ、男性）は、南アフリカ共和国から二人の子を養子に迎えた。彼の男性不妊が原因で国際養子を選択、妻とともに養父母候補者として認められたのが二〇〇六年（結婚は一九九七年）、最初の子（男の子）を養取したのが二〇〇九年だった。南アフリカを選んだのは、短期間で養子がもらえる可能性の高い国だったからと言う。

子どもをもらう前は、アフリカのイメージは（犯罪や貧困など）ネガティブだった。しかし養子縁組を申請してからそれがすぐ変わった。通りでアフリカ人に出会うと、「私がもらう子どもも大きくなったらこのような容貌になるかもしれない」と思うようになった。彼らに愛を感じるようになった。それは韓国人やタイ人を見ても同じだった。他の民族集団の人たちを愛するようになった。私の子どもと思えるようになった。アフリカの国や人々を愛するようになり、アフリカに興味を持つようになった。それはとてもいいことだと思う。視野が広がるし。子どもを引き取りに南アフリカに二度行って以来、南アフリカは単なる南アフリカではなくなった。南アフリカは私たちの愛の対象だし、私たちの子どもの生まれた国だ。

ビルギール（左）と妻と、養子たち

養取する以前から、養子の出生国や同邦人あるいは同じ「人種」の人たちを愛の対象と感じることで、養子は、ビルギールの中にしみ込んで来ていたのである。

「小さな『家』」としての国際養子家族において「惜しみなき贈与」がなされるとき、そこに見られるのは、人格の相互浸透である。「小さな『家』」のメンバーはその人自身であると同時に、その人のうちに他者を含み込んでいる。それは、生物学的核家族に見られるのと同様の、あるいはそれ以上の、浸透なのである。

反対に以下のような人は、相互浸透という現実から限りなく眼をそらしている者と言えるだろう。

自我の明証性と称されるものの中にまず自らの位置を定める者は、もはやそこから出ることはない。*18

＊1　若年性ポリポーシス症候群（JPS）とは、胃、小腸、結腸、直腸を主とする消化管に罹患する過誤腫性ポリープとして特徴づけられる（過誤腫とは臓器や器官に固有の細胞や組織成分が、臓器内で過剰に発育または過剰増殖することで、一般的には腫瘍と奇形［形態発生異常］の中間的な性格の病変とされている）。ここでの〝若年性〟はポリープ発症年齢を表現しているのではなく、ポリープの形態を表現した用語である。患者の多くは二〇歳までにポリープを発症しているが、生涯で四個から五個のみのポリープ数の人もいれば百個以上認められる人もいる。ポリープに対して治療されなかった場合、ポリープからの出血や貧血の原因となり得る。ほとんどの若年性ポリープは良性であるが悪性化することもある。JPS家系での消化器癌発症リスクは九～五〇％である。中で

も大腸がんの発症リスクが最も高いが、胃や上部消化管、膵臓がん発症例も報告されている（http://grj.umin.jp/grj/jps.htm）。

＊2 津上誠、「現代社会の『小さな「家」』」、『生をつなぐ家』、二九三ページ

＊3 「現代社会の『小さな「家」』」、二九八ページ

＊4 マーシャル・サーリンズ、『石器時代の経済学』、二二四ページ

＊5 「現代社会の『小さな「家」』」、三〇一ページ

＊6 「現代社会の『小さな「家」』」、三〇六ページ

＊7 Ingold, Tim, *The Life of Lines*, p. 3

＊8 このようにすべてのものが互いに抱きつきしがみつきながら離れようとしないとき、その結果生じているのはネットワークならぬメッシュワークであるとインゴルドは述べている（*The Life of Lines*, p. 3）。

＊9 *The Life of Lines*, p.6

＊10 AIDS prevention advert by Folkhälsoinstitutet（https://commons.wikimedia.org/wiki/File:AIDS_prevention_advert_by_Folkh%C3%A4lsoinstitutet_Wellcome_L0054189.jpg）

＊11 マルセル・モース『贈与論』岩波文庫。モースの相互浸透を紹介するときインゴルドは、同時にモースの叔父で師でもあったフランス近代社会学の創始者デュルケームの『社会学的方法の基準』に言及している。個々人の意識が結合し化合することで、社会生活がもたらされるが、この化合をデュルケームは「集合し、浸透し合い、融合し合うこと」と言い、それによって、個人の意識の総和とは異なる集合的意識が生まれるのだと述べている（エミール・デュルケーム、『社会学的方法の基準』、二〇八ページ）。個々人の総和以上の存在である社会は、それを構成する個々人を包含する、より上位の次元にある。デュルケームの考え方に従うなら、個々人の相互浸透は、塊である個々人をつなぐ線分として、社会という塊より上位のレベルに属することになるが、そうではないというのがモースの立場だとインゴルドは言う（*The Life of Lines*, p.10）。塊の生を存続させる線分は、塊と同じ次元にあって塊と切り離せないのだ。このモースの主張をインゴルドは「相互浸透」と捉えている。しかし例えば『贈与論』では以下のように述べられている。

結局のところ、それは混ざり合いなのだ。物に霊魂を混ぜ合わせ、霊魂に物を混ぜ合わせるのだ。さまざまな生を混ぜ合わせ、そうすると、混ぜ合わされるべき人や物は、その一つひとつがそれぞれの領分の外に出て、互いに混ざり合うのである。それこそがまさに契約であり交換なのである（『贈与論』、一三六ページ）。

（ポトラッチでは）饗宴や交換が人々を一体化させる力をもつことも、改めて説明するにおよばない。たとえば二人の霊のあいだでカヌーが交換されると、両者は「ただ一つの心しか」もたないようになる（『贈与論』、二三二ページ）。

このようにモース自身は「融合」を想起させる「混ざり合い」とか「一体化」と述べており、融合を相互浸透とあまり区別して考えているようには見えない。しかし送る側、受け取る側の個性とか人格が全くなくなるわけでもないことも考慮し、以下ではインゴルドに従い、相互浸透という語を使う。

＊12 『贈与論』、九九－一〇〇ページ

＊13 『贈与論』、一〇七ページ

＊14 『贈与論』、一一七ページ、註59（原典のBogoras, Waldemar, Chukchee Mythology, *Memoir of American Museum of Natural History*, vol. 8も参考にした）。

＊15 『贈与論』、一〇九ページ

＊16 『贈与論』、四四二－四四三ページ

＊17 *The Life of Lines*, pp11-12

＊18 レヴィ＝ストロース、『野生の思考』、二九九ページ

終章

めぐりあう時

1 サルトルからアボリジニーへ

サルトルの傲慢

前章の最後に引用した文章は、『野生の思考』の最終章で、サルトル批判として書かれたものである。『野生の思考』を一躍有名にした一因がサルトル批判であったことを考えると、今日サルトルを取り上げてもどれほどの関心を惹くのか疑問である故にサルトル－レヴィ＝ストロース論争に深くは立ち入らないものの、やはりこの最終章のテーマに触れざるをえない。それは序章で取り上げたチューリンガと純粋歴史の問題を再び見出すだけでなく、レヴィ＝ストロースの文体についての考察にもつながっていく。

サルトルは『弁証法的理性批判』において、「人間を弁証法によって定義し、弁証法を歴史によって定義する」[*1]。サルトルは歴史に神学的地位あるいは崇拝すべき神話のような重みを与え、特権化している。歴史は、それがなければ人間のどのような行動にも意味がなくなる土台のごときものである。歴史家が消滅した社会の姿を復元しようとするとき、存在したその時その時を、「切り離されたものではなく、一つの状態からつぎの状態へ連続的に変化してゆく形を想像する。[*2]」それは、私たち一人一人が自分の成長を「連続的変化」として捉える内的な感覚に合致している。この合致は何を意味するのだろうか。サルトルにとって「ある線の方向に沿って、さまざまな出来事が配置される形で機能している[3]」歴史が、人間の外部にあって、私たち一人一人を、変化しながらも連続しているという存在として仕立て上げているということを、それは意味するのである。「自我の連続性」は歴史によって保証されており、そのような連続性をもつ人間が自律的な主体として行動するという人間観と、出来事が連続的に配置されながら発展していくという歴史観の間には深い結びつきがあると言うのだ。

では、文化人類学者たちが関わっている文字をもともと持たない人々、新石器時代さながらの変化のない生活を繰り返している人たち、それ故に歴史をもたないとみなされる民族はどうなるか。サルトルは、彼らを「発育不全で畸形[4]」の人類だと言うのだ。

しかし発育不全で畸形とはいっても、彼らは人類として分類されているのであり、人間外の自然の領域の存在として分類されているのではない。そのような人々が歴史を持つとしたら、「植民地状況の中に置かれて歴史なき民族が歴史ある人類の歴史を自己のうちに取り込み始めるとか、もしくは、民族学そのもののおかげで、歴史ある人類が、意味を欠いていた歴史なき人類に意味の祝福を与える、ということによって[5]」であると言う。

時への謀叛

しかしこれは、「歴史ある民族」のきわめて傲慢で独善的な思い上がりではないだろうか。サルトルに対してレヴィ＝ストロースは、「歴史的地理的にさまざまな数多の存在様式のどれか一つだけに人間のすべてがひそんでいるのだと信ずるには、よほどの自己中心主義と素朴単純さが必要である」と痛烈に批判する。[*6] そもそも文字を持たない民族には、歴史がないという想定自体が問題である。

文字をもたない民族の生活にあっては、目立たないながら少なくともふたつの活動水準を区別しておかねばならない。そのうちのひとつを強い相互作用の場と呼ぶことにするが、まさしく強いだけに、それらの作用はかねてよりとくに注意を払われてきた。たとえばそれは、移住、疫病、革命、戦争などであり、いずれも広範かつ持続的な結果をもたらす深刻な衝撃として、歴史をつうじ断続的に出来する。しかし、これとならんで、友好的または敵対的な接触や、訪問、婚姻といったかたちをとり、強い相互作用よりはるかに高頻度に、かつきわめて短い周期で発生する弱い相互作用の場が存在することは、これまであまりに見すごされてきた。たえまなく場を揺らしているのは、ほかならぬこの弱い相互作用である。社会の表層に生じるこのざわめきによって、かすかな振幅と低エネルギーを帯びた局地的な振動がやすみなく生じ、それがしだいに場の末端にまで反響をひろげていくいっぽうで、これとは別に、頻度も低く遅々としながらもいっそう深い次元で突発するのが、人口面、政治面、経済面での変化なのだ。[*7]

歴史というよりも、過去のある時々の状態と現在との関わりは、サルトルが考えているものがすべてではないのだ。例えば序章で紹介したオーストラリア・アボリジニーのように、チューリンガという物質として、過去は現在の中にあり触知可能なのである。チューリンガだけではない。アランダ族にとって周囲の景観は単なる景観にとどまらない。それはこの世の始まりという神話的な「過去」において祖先がつくり出したものであり、景観の中にある岩や樹木は、チューリンガ同様、不死の生命力をもった祖先と彼の息子たちの身体であると見なされている。[*8] 景観は祖先の事蹟であるにとどまらず、姿を変えた祖先の身体でもあるのだ。祖先は、彼が移動した場所のあちこちに同時に存在することができると信じられている。[*9] この世の始まりの出来事は、現在の景観の中に見て触れることができる。岩や樹木、チューリンガになった祖先は、傍らを通り過ぎた女性の体内に入り、彼女の子どもとしてこの世に生まれ変わる。[*10] 現在生きている誰かは、神話時代の祖先でもある。過去は現在と通時的にのみならず共時的にもつながっているのだ。それが野生の思考の特徴でもある。

野生の思考の特性はその非時間性にある。それは世界を同時に共時的通時的全体として把握しようとする。[*11]

しかし野生の思考は無文字社会の少数の民族のみに開花したものではなく、文字を持つ「歴史社会」の中にも見出すことができる、それ故に遠く隔絶したかに見えるオーストラリア・アボリジニーと近代西洋社会の間にも連続性があるというのが、『野生の思考』におけるレヴィ＝ストロースの主張である。

現在の傍らに共時的に存在する過去への思いは、後の『神話論理』の掉尾でも述べられている。

二十世紀に生まれながらも十九世紀の一員である年長者たちにかこまれることで、若き日の自分が十九世紀を生きうる幸運にめぐまれていた――だが当時はそのことに気づかなかった――という感情に、人は齢をかさねるにつれしだいに襲われもするだろうが、それは当時の年長者にしても同じことである。（中略）もしわれわれ全員が力をあわせて、各世代が後続する世代のために先行する世代の息吹を保存することに心をくだき、そうして鎖の輪をつなげていたなら、時間はまさしく廃棄されていたことだろう。（中略）書物や博物館への愛着、また骨董屋や古物売買への嗜好が、ときに笑いを誘う仕方であれ現に証しだてているように、たしかに絶望的でいずれ徒労に終わる試みとはいえ、時を止めてその流れを逆転させようとする謀叛の試みは、現代文明のまさに中心でなおも息づいている。*12

2　プルーストへ

隠喩、錯視、世界への異なる視点

消え去ったはずの時間が消え去っておらず現在の中にその存在を感知する、あるいは、異なる二つの時間を重ね合わせ同時に体験するというのが、アボリジニーをはじめとする野生の思考の時間感覚であり、レヴィ＝ストロース自身もそれを捉まえようとしていることが右の引用からもうかがえるが、一九世紀末から二〇世紀はじめのヨーロッパにおいて同様の時間感覚を言語によって表現しようと試みたのが、『失われた時を求めて』のマルセル・プルーストである。

『失われた時を求めて』第二巻『花咲く乙女たちのかげに』で、語り手である「私」は、祖母とともに海辺の町バルベックに滞在するのだが、祖母とは別に乗ったバルベック行きの汽車の中での体験について、次のような記述がある。少し長いが引用してみる。

　鉄道での長旅には日の出がつきものである。ゆで卵や、絵入り新聞や、トランプ遊びや、漕いでもいっこうに進まない小舟のうかぶ川の眺めが旅の道づれになるのと同様に。私が、すぎ去った数分間に頭を占有したさまざまな考えをひとつひとつ数えあげて、眠ったのかどうかを知ろうとしていたとき（そう問わずにはいられない不確実さこそ眠っていた証拠だという、肯定の答えをもたらしつつあったとき)、ガラス窓のなかの小さな黒い森のうえに、大きくえぐれた雲がいくつも見え、柔らかいうぶ毛のような雲の端がバラ色に染まっていた。定着した色素のような輝きのないその色が変化しそうもない状態は、羽毛を染めるバラ色がすでに翼のなかにまで吸収されていたり、パステル画に画家の思いつきでバラ色が置かれたりした場合とそっくりに見える。ところが私はその反対に、この色彩は惰性でも気まぐれでもなく、必然であり生命であると感じた。やがてこの色彩の背後に、光がどんどん蓄えられ積み重ねられた。色彩は活気づき、空は鮮やかな赤となり、私はガラス窓に目をくっつけるようにして、その色をもっとよく見ようとした。その色が自然の奥深い実在と関係があるように感じられたのである。ところが線路の向きが変わり、汽車が大きく曲がると、窓枠のなかの朝の光景は夜の村に替わった。家々の屋根は月明かりに青くそまり、共同洗濯場は乳白色にかがやく真珠母色の夜のとばりに覆われ、その上の満天にはいまだ星がきらめいている。大切なバラ色の帯状の空が消えてしまったのを私が悲しんでいると、ふたたびそれが目に入った。今度は赤くなって向かいの窓にあらわれ、線路がふたたび曲がるとその窓からすがたを消した。そこで私は、一方の窓から他方の窓へとくり返し駆けより、移り気で美しい真っ赤な私の朝の間歇的で相反する断片を寄せあつめ継ぎあわせて全体の眺望を捉え、連続した一幅の画をつくりあげようとした。*13

この箇所に、『失われた時を求めて』全体を貫く問題が提起されていると説くのは、フランス文学者の芳川泰久である。[*14]

常識的に考えれば、汽車の窓から見える日の出の光景は、月明かりと星がきらめく空から、バラ色に染まる空へ徐々に移り変わっていくというものであろう。しかし、プルーストはそのように記述していない。「線路の向きが変わり、汽車が大きく曲がると」、時間があたかも遡航したかのように「朝の光景は夜の村に替わった」のである。村の家々の屋根は月の光に照らされ、その上には星がきらめいている。「光がどんどん蓄えられ積み重ねられ」新しい日が始まろうとしているのにもかかわらず、過ぎ去っていったはずの夜の時間は、汽車のカーブとともに突如窓枠の中に出現し存在するのである。「私」は、線路の向きの変化に伴う車窓からの光景を夜から朝へという推移や移行としてではなく、車窓という一幅の画の中に朝と夜という「異なるものを並置し」同時に存在させようとしたのである。

一つの平面に、どう異なる時間を共存させたらいいのか？　困難な試みであることに変わりはないが、実は、この問題は『失われた時を求めて』全体を貫いて探求されている。[*15]

芳川によれば、プルーストが困難な試みを達成するために採用したのが、隠喩という方法である。隠喩とは、例えば過激で攻撃的な政治家をタカ派、穏健な政治家をハト派と表現するように、人間と鳥という本来は異質な領域に属するものの間に共通性を認めて、一方を表現するのに他方を用いるという比喩の形式である。人間集団をカンガルー氏族、ネズミ氏族と差異化するトーテミズムも隠喩的思考に基づいているというのは既に見てきたところだ。

しかし、プルーストの隠喩は、必ずしも厳密な「隠喩」に限定されるものではなく、「〜のような」という直喩も含まれるようだが[*16]、この広い意味での隠喩は錯視的である。プルーストが野原に遠くある教会の鐘楼を野原にとまった鳥の姿と見てしまいそのように描写するとき、鳥は鐘楼の隠喩となる。「鳥のようだ」と言う直喩表現も含めた隠喩表現によって、本来は鐘楼であるものに鳥のイメージがつきまとうことになる。その意味において、隠喩は錯視的であるといえるが、隠喩あるいは錯視とは、教会の鐘楼という建物と、鳥という生き物を重ね合わせることである。異なるものを等価とみなすあるいは同一視することによって、世界をそれまでとは違って見せる差異体験が隠喩であり錯視なのである。[*17]

プルーストを読むレヴィ＝ストロース

この、世界を違ったものに見せる技法は、バルベックで「私」が訪れた画家エルスチールの画の技法でもある。それが詩のメタファー（隠喩）に似ていることに気づいた「私」は、エルスチールの「カルクチュイ港」の画の「メタファー」を次のように延々と説明するのである。

エルスチールがいま手元に置いている海洋画でいちばん頻繁に使っていたメタファーの一つは、ほかでもない陸と海とを比較して両者の境界をすべてとり払うというものだった。（中略）たとえば、わずか数日前に完成したばかりの、私がじっくり鑑賞できたカルクチュイ港を描いた画において、エルスチールが小さな町を描くのに海の用語だけを使い、海を描くのに街の用語だけを用いて、見る人の精神に差し出したのもこの手のメタファーである。家並のむこうに隠れているのが港の一部なのか、それとも修理ドッグなのか、あるいはこのバルベック地方でよく見かけるように海が湾となって陸地にくいこんでいるのかは判然としないが、いずれにしても突き出た岬のうえに建つ町のむこうでは、屋根という屋根から（煙突や鐘楼がとび出すみたいに）マストがとび出ていて、そのせいでマストの下にある船まで、なにやら街の一部となって地上に建っているように見える。（中略）それと比べると、たとえば遠くに見えるクリックベックの教会などは、まわりに街が見えず、四方八方を水にとり囲まれ、太陽と波にきらめき、雪花石膏《アラバスター》や泡沫となって水面から現れ出たように見える。そんな教会が、七色の虹の輪のなかに収まっていると、この世のものではない神秘の画面を見ているようだ。前景の砂浜では、画家の技巧が、大地と大海原とのあいだに固定した境目、絶対的な境界線が見分けられないことに鑑賞者の目を慣れさせてしまう。（中略）海が陸にまで入りこみ、陸がすでに海のようになり、そのため住民は両生類のように水と陸の両方に住んでいる、そんないかにも港らしい印象が画面全体に醸し出されているが、それでも海の要素はいたるところに横溢していた。（中略）目の前に存在するものを、あとで同一の要素だと認識するのは知性である。海のこちらは雷雨のせいで真っ暗だが、ずっと遠くの海は空と同じ艶をおびて同じ色に染まっている。かと思うと、また別の箇所は陽光と靄《もや》と泡で真っ白になり、固い陸地のようで、まわりを家並がとり囲んでいるせいか、石畳の車道や雪の原を連想させる。[*18]

海に浮かんでいるはずの船は、屋根という屋根からそのマストがとび出ているために、「街の一部となって地上に建っているように見える」。海は「固い陸地のようで」「石畳の車道や雪の原を連想させる。」反対に陸地にあるクリックベックの教会は「水面から現れ出たように見える。」海を陸として、陸を海として「錯視」することで、あるいは「海が陸にまで入りこみ、陸がすでに海のように」なっている如く、対立するものを相互嵌入的なものとして描くことで、世界を異なる相貌のもとで感知して、それを言葉で表現する技法を磨くことがプルーストの試みであった。この試みはレヴィ＝ストロースにも影響を与えたようだ。

『野生の思考』第八章の題名が『失われた時を求めて』の最終巻『見出された時』からとられていることから、また本書の序章末尾の引用からもわかるように、プルーストはレヴィ＝ストロースのお気に入りの作家であり、プルーストへの言及も少なくない。[*19] レヴィ＝ストロースの著作が文学からの引用や含蓄のある芸術的表現に周到な注意を払っていることは、つとに指摘されることであるが、[*20]『野生の思考』以前の『悲しき熱帯』の「日没[*21]」の記述は、そう明言されてはいないが、プルーストの「日の出」を踏まえたもののように思われる。

芳川泰久は、エルスチールの画を見たあとでは、バルベック行きの汽車の窓に出現する朝の光景と夜の村の共存も決して不可能な夢想ではなく、陸を海として表現し、海を陸として表現する隠喩の方法によるなら、朝に夜の表現を、夜に朝の表現を用いることで、朝が夜であり、夜が朝であるという錯視が可能になると述べている。[*22] 同様の記述の試みが、「日没」ではブラジル行きの船から見た日没の描写に看取できる。レヴィ＝ストロースは、明け方や日の出とは二項対立的な日没を、日の出から始まる一日のすべてにわたって繰り広げられたドラマの凝縮として捉え、日が沈む前後の空と雲の光景をあたかも陸や海の光景であるかのように錯視的に描いたのである。

3 日没

レヴィ＝ストロースの「錯視」したもの

科学者にとって「暁と黄昏は同一の現象」であるが、「だが実際には、夕方と朝ほど違ったものはない。[*23]」
それ「日没」は、初めと中と終りのある、完全な一つの上演である。このスペクタクルは、十二時間のうちに相次いで起こった戦いや、勝利や、敗北を、縮小された一種の映像として、だが速度を緩めて示すのである。暁は一日の始まりでしかないが、黄昏は一日を繰り返して見せるのだ。[*24]

人間の「肉体が今日一日その中を彷徨《さまよ》った、風や寒暖や雨の思いがけない移り変わりを、神秘な形象のうちに集めてみせ」「意識の文《あや》も空に拡がった綿のような、これらの形の中に読みとること」[*25]を可能にする日没は、朝と対立するだけでなく、大洋と空という一枚の連続した画の中に、水平線の彼方に太陽が傾いてやがて消え去る短い時間と、一日のすべてという長い時間を並存させているのである。それ故日没の様子は「超自然的とも思われる」[*26]のである。レヴィ=ストロースは、この「超自然的な」天地の変動、とりわけ光の量や質・色調と雲の形状の陰翳に富んだ変化を、隠喩に満ちた表現で描写しようとする。

しかし、その変化は、光の量が徐々に弱まっていくという単純な推移として決して語られていない。時に時間があと戻りするかに錯覚されることもある。「十七時四十分」で始まる箇所には、「西の空を塞いでいた天の岩礁の背後で、太陽は徐々に姿を変えつつあった」と述べられたあと、日没にははっきりと区別できる「二つの段階がある」と語られる。「初めのうち、太陽は建築家だ。」雲という蒸気の構築物を光線で貫き、「大きさと光の強さの異なる同心円を重ね合わせたものの形に切り取る」からだ。しかしそれに続いて「太陽は画家になる。太陽が水平線に姿を消すが早いか、光は弱まり、刻々複雑さを増す見取り図を出現させる」のである。[*27] この部分を読むと、「十七時四十分」あるいはそれを回った頃に太陽は沈んだかのようだ。

これに続く「十七時四十五分」に「第一段階の下絵が描かれた」のだが、しかしまだ太陽は水平線に姿を消していないのだ。

十七時四十五分、第一段階の下絵が描かれた。太陽はすでに傾き、しかしまだ水平線に触れていなかった。雲の構築物の下側に現われた瞬間、太陽は卵黄のように崩れ、まだ懸かったまま離れきっていない形象を光で汚すかに見えた。[*28]

画家としての太陽の段階の直前もしくは始まりに、時間が回帰しているのである。徐々に西の空に傾き水平線の彼方に消えたかに見えて、沈む以前の太陽の仕事が述べられている。あたかも太陽の動きは行きつ戻りつしたかのようであり、しかもその歩みは、雲の形状や太陽光線、色合いの描写が細かくなればなるほど、緩慢なものに感じられる。

「船で書きつけたこと」で始まる日没の記述には、三つの「物理的時間」が記される。「十六時頃」「十七時四十分」「十七時四十五分」である。しかしはじめの一時間四十分間より、次の五分間の、さらに「十七時四十五分」から夜になるまでのおそらく一時間四十分より短い間の、空と海の描写の方が長く、延々と続く。西に傾き水平線に消えていく太陽の動きに伴う光景の変化は、あたかもストップモーションを見ているかのようだ。夜が昼に取って代わるという、決まり切っていながらもその過程を予見できない「神秘的」[*29]な日没をレヴィ＝ストロースが観察し書き記そうとするとき、時間は決して均等に過ぎていない。太陽が傾いてやがて水平線に消えるまでの「物理的に」短い時間と、一日のすべてという長い時間の並存だけでなく、「短い時間」のなかにも、スローモーションのごとく進行する異質な「時」が並存しているのである。

この異質な時間が並存する日没において、空はただ空であることをやめる。太陽が沈んだ後の描写を取り上げてみよう。

> こうして夜は、黄金色と紫色の景観を、その陰画――そこでは、熱い色調が白と灰色で置き替えられた――で取り換え始めたのである。夜の板は、海に似た景色を海の上方に徐々に拡げて見せた。大洋の姿をした空の前に張られた、この巨大な雲の幕は、平行に並んだ半島の形に自分を解《ほぐ》して行った。まるで、平坦な砂浜が海の中に何本もの矢のように伸びている様を、機体を横に傾けて低く飛ぶ機上から眺めているようだった。残光は雲の尖端をひどく斜めから打ち、堅固な岩――それらもまた、他の時には影と光で彫琢《ちょうたく》されていたのだが――を思わせる凹凸の外観を雲に与えており、それが幻想を肥大させていた。あたかも、太陽が、その煌《きら》めく鑿《のみ》を斑岩や花崗《かこう》岩の上にはもう振るう力がなく、ただ柔らかい水蒸気の部分にだけ、衰えながらも前と同じ様式を保って働かせているかのようだった。

空が自分を拭い清めて行くに従い、海岸の風景に似たこれらの雲を背景に、砂浜や潟や無数の小島や砂州が現われるのが見えた。無気力な空の大洋は砂州を浸し、解体しつつあるその平坦な拡がりを狭江《フィヨルド》や沼で蝕《むしば》むのだった。これらの雲の矢を縁取っていた空は、それ自身が一つの大洋であるように見せかけていたし、海は空の色を反映するのが常だったから、この天の絵は、そこにもう一度太陽が沈むはずの、遠い一風景を再現していたことになる。だが一方、この空中楼閣から逃れるためには、遙か下の方にある本物の海を眺めるだけで十分だった。海はもう真昼の燃えさかる板でもなく、夕食の後の優雅な縮《ちぢ》れた水の面《みも》でもなかった。ほとんど水平に射《さ》してくる陽の光は、漣《さざなみ》の、光に向かった面だけしか照らし出さなかった。波の反対の面は、もう真っ暗だった。こうして水は、金属を彫《ほ》ったように、明確で崩れない影のついた浮彫の姿をしていた。一切の透明さが失われていた。*30

海を陸に、陸を海に表現したプルーストと同様の隠喩が、ここで駆使されていることに気づかされる。空は陸と海であり、実際には船上から見上げているにもかかわらず、飛行機から見下ろしているかのように「錯視」される。雲も砂州や砂浜であるだけでなく、斑岩や花崗岩にも化している。さらに注目すべきは、この「錯視」において、太陽が沈んで残照の光しかない「時」とは別の「時」が出現するということだ。海として錯視された空は太陽の光を反映する。しかしそれは空としてではなく海として光を受ける。そのとき、常識的には理解しがたいが、海である空には「もう一度太陽が沈むはずの、遠い一風景」が「再現」される。太陽が沈んだ後に、時間が遡行され、太陽が沈むまでの時間が繰り返される。隠喩により空を大洋と陸地として錯視することで、異なる時間が並存することになるのである。

構造分析のエッセンスとチューリンガ

プルーストを手がかりに「日没」を見てきたが、それにこだわったのは、他でもない、レヴィ＝ストロース自身が日没の描写を自らの仕事の奥義に達するものと考えているからである。

もし私が、移ろいやすく、しかもそれを記述しようとすると一切の努力に逆らう、これらの現象を定着させるための言葉を見出していたら、また、もし私に、結局はただ一回限りで、同じ状態では決して再び生ずることのない一つの事象の、様々な段階とその移りゆきを他の人々に伝える能力が与えられていたら、そのとき私は唯のひと跳びで、恐らく私の仕事の奥《おう》義《ぎ》に達していたことであろう。*31

日没という現象を隠喩という言語表現で定着させる試みが、神話の構造分析において絶えずモデルとしてあったことは、その後『神話論理』最終巻の『裸の人』の掉尾で明言されている。*32 第5章からも明らかなように、レヴィ＝ストロースは、差異化され隔たっている二項の「あいだ」に並々ならぬ関心を示している。その始まりは、日没という、昼と夜の「あいだ」、光と闇の関係が単純な二項対立に収まらない「あわい」にあったといえよう。

この「あわい」にある時間の秩序とは、「ふたたび見いだされる時や、「弁証法的に」止揚される時にも優った」もの、すなわち既にこの章の第一節で引用したが、「時を止めてその流れを逆転させようとする謀叛の試み」である。謀叛がなぜ秩序なのだろうか。それはこの試みが「現在へと連結された過去が奇蹟の浸食作用を通じてみずからを現在と化し、同時に現在もまた、いずれ過去に化すというおのれの運命に抗する備え」[*33]を可能にさせ、二十世紀に生まれながらも「十九世紀を生きうる幸運」を与えてくれるからである。秩序とは生きるための備えと生きることの幸運を与えてくれるものに他ならないのではないだろうか。

『神話論理』が分析対象とした南北両アメリカ大陸の千以上の神話同様、チューリンガもまさしく「時間に対する謀叛の企て」であろう。『悲しき熱帯』（一九五五年）で試みた、隠喩という言語表現による異なる時間の並存を、『神話論理』（一九六四年から一九七一年）において定着させようとする前に、『野生の思考』（一九六二年）において、物質のうちにレヴィ＝ストロースは確認したかったのではないだろうか。チューリンガとは、「奇蹟の浸食作用を通じてみずからを現在と化し」、「現在へと連結された過去」の物質的表現に他ならないのである。

すべての国際養父母にとってとはもちろんいえないまでも、多くの国際養父母にとって、養子のダブル・アイデンティティのために居間に飾る出生国の国旗や絵画は、現代の西洋におけるチューリンガであろう。スウェーデンの居間に韓国の国旗や絵画が置かれることで、子どもを引き取りに行った韓国という異質な国において生じた親子のつながりの始まりにある時間が、現在の居間の時間と並存させられているのである。それだけではない。子どもを養取したはずの養父母が出生国の養子になったかのように感じる（「錯視」ならぬ「錯覚」）のは、親と子という系譜的な「時を止めてその流れを逆転させようとする謀叛の試み」だとは言えないだろうか。国旗や絵画は、旅行者の興味の域を出ないものかもしれないが、彼らに、「家族ができた、家族になれた」という「幸運にめぐまれていた[*34]」ことを気づかせてくれるものなのである。

＊1 カトリーヌ・クレマン、『レヴィ＝ストロース』、一一五ページ
＊2 レヴィ＝ストロース、『野生の思考』、三〇九ページ
＊3 『レヴィ＝ストロース』、一一五ページ
＊4 ジャン＝ポール・サルトル、『弁証法的理性批判（一）』、一四五ページ
＊5 『野生の思考』、二九八―二九九ページ
＊6 『野生の思考』、二九九ページ
＊7 クロード・レヴィ＝ストロース、『裸の人2』、七六三ページ
＊8 Strehlow, T.G.H., *Aranda Traditions*, p.17.
＊9 *Aranda Traditions*, pp.28-29.
＊10 *Aranda Traditions*, p.42.
＊11 『野生の思考』、三一七ページ
＊12 『裸の人2』、七五九ページ
＊13 マルセル・プルースト、『失われた時を求めて4 花咲く乙女たちのかげに II』、五四―五五ページ
＊14 芳川泰久『謎解き「失われた時を求めて」』、第4章を参照。
＊15 『謎解き「失われた時を求めて」』、八八―八九ページ
＊16 『謎解き「失われた時を求めて」』、一〇二―一〇四ページ

＊17 『謎解き「失われた時を求めて」』、九六ページ

＊18 『花咲く乙女たちのかげにII』、四二〇―四二三ページ

＊19 例えば、クロード・レヴィ＝ストロース＋ディディエ・エリボン、『遠近の回想』、二九七ページ、クロード・レヴィ＝ストロース『レヴィ＝ストロース講義　現代世界と人類学』、七二―七三ページなど。また*ClaudeLévi-Strauss OEVRES*に収められた『悲しき熱帯』の解説には、「コンラッドからプルースト」への節があり、プルーストをレヴィ＝ストロースが意識していたことが述べられている（Debaene, Vincent, 2008, Triste Tropiques Notice dans *ClaudeLévi-Strauss Oeuvres*, Gallimard, pp.1701-1706）。

＊20 Willis, Roy, Translator' s Note in Claude Lévi-Strauss, 1987, *Anthropology and Myth: Lectures 1951-1982*, p.viii参照。ところでプルースト研究者で、今はパリで生活する保苅瑞穂は、パリの街を歩くことを次のように書いている。

> だからこの二千年もつづいている町に住んでいて感じるのは、いまでは流れ去って歴史の中に固定されたさまざまな時代の時間ではなく、過去が現在に流れ込んで、いまでもそれがそこに生きている分厚い時間なのである。だからまたプルーストが歩いていた砂地の小道を歩いていると、想像のなかで、そのかつてのベル・エポックの時代に連れて行かれるというよりも、その時代が現在とまざりあって、この小道に漂っているのをわたしは感じずにはいられなかった。（中略）パリの街はその名前の多くに過去の著名な人物の名前が付けられていて、（中略）かれらの名前は、たしかに普通は一つの標識に過ぎなくても、毎日それを見て暮らしていると、その過去の人間たちがいまでも自分たちとともに生きているように思われて来るのである（保苅瑞穂、『プルースト　読書の喜び』、一九二―一九三ページ）

この保苅の文章は、本章で引用したレヴィ＝ストロース（註12）を彷彿とさせる。両者の時間に対する感性とその言語表現が類似しているのは、プルーストに強く影響されたからであろう。

＊21 クロード・レヴィ＝ストロース、『悲しき熱帯I』、第二部7

＊22 『謎解き「失われた時を求めて」』、一〇〇―一〇一ページ

＊23 『悲しき熱帯I』、九六ページ

＊24 『悲しき熱帯I』、九七ページ

＊25 『悲しき熱帯I』、九七ページ

＊26 『悲しき熱帯I』、九五ページ

＊27 『悲しき熱帯I』、一〇一―一〇二ページ

＊28 『悲しき熱帯I』、一〇二ページ

＊29 『悲しき熱帯I』、一〇五ページ

＊30 『悲しき熱帯I』、一〇六－一〇七ページ

＊31 『悲しき熱帯I』、九五ページ

＊32 『裸の人2』、八七〇ページ。この点については、拙著『レヴィ＝ストロース　まなざしの構造主義』、一四－一五ページも参照されたい。

＊33 『裸の人2』、七五九ページ

＊34 『裸の人2』、七五九ページ

あとがき

北アメリカ先住民神話のテクストを繙きながらレヴィ＝ストロースの神話研究を理解することと、北欧での国際養子家族への短期インタビュー調査の継続が、ここ十年来の私の仕事であった。どちらも私には、簡単には捉えられない「異文化」であった。『野生の思考』のようにと言うと僭越の誹りを免れないが、全く異なるこの二つの道が一つになるのか、それを考えてみたのが本書である。機会を与えていただいた編集者の中西豪士氏にお礼申し上げる。

本書は今回新たに書き下ろしたものだが、以下の旧稿で発表した内容の一部を適宜取り込んでいる。

・「トーテミズム論争」『文化人類学文献事典』弘文堂、二〇〇四年

・「国際養子縁組におけるアイデンティティの問題：スウェーデンの場合」菅原和孝編『身体資源の共有』（資源人類学9）、弘文堂、二〇〇七年

・「養父母になった国際養子たち：スウェーデン、デンマークの事例から」『国立歴史民俗博物館研究報告』一六九集、二〇一一年

・'Double or Extra? The Identity of Transnational Adoptees in Sweden', *Culture Unbound* 5:425-450, 2013

・「傷つきやすい渡し守としてのワニ：レヴィ＝ストロースと稲羽の白ウサギ」『現代思想』41（16）（一二月臨時増刊号）、二〇一三年

・「越境する家族形成としての国際養子縁組：スウェーデンの事例を出発点として」『比較家族史研究』二九、二〇一五年

本書であらたに書き加えたデータは左記の研究助成によって可能になった。本書はその成果の一つでもある。

・科学研究費補助金基盤研究（B）「生物学的関係に拘束されない親子関係についての国際比較研究」（代表出口顯）

複数の国にまたがった調査での取材言語は英語である。取材に快く応じてくださった関係機関や国際養子家族の方々に心からお礼申し上げる。とりわけビルギット、アンデッシュとカリナ一家、モナ一家の方たちには繰り返し訪問させていただき、ひとかたならぬお世話になった。この方たちの生の声を伝えたいという思いから、本書は、国際養子縁組を「政治的正しさ」から批判したり、アイデンティティに悩む養子の姿を強調する欧米の研究とはやや異なるトーンに仕上がった。

調査では、長年行動を共にしてくださった石原理埼玉医科大学教授に深謝したい。取材のあと、ワインやビールのグラスをかたむけながら石原教授と語り合ったことや、同氏の鋭いご指摘が、本

書の執筆に大きな刺激となったことに厚く御礼申し上げる。また、韓国での調査に際してインタビューの手配と通訳をしてくださった韓国啓明大学校助教授の中村八重博士にも感謝したい。

本書の草稿を完成させたあとで、生みの母や生物学的親族に出生国で対面した三人の国際養子の方たちに、取材する機会があった。彼らのアイデンティティや生みの母・養父母との関係について、別の機会に論じることにしたい。

最後に私事になるが、本書執筆中の本年三月に母が他界した。序章で述べた、司馬遼太郎氏に著書を読んでいただくことができたのも、母の友人の方が司馬氏の親しい隣人であったというご縁による。オホクニヌシノミコトやスサノヲの神話などを子どもの頃おとぎ話がわりに語ってくれたことを始め、かぞえきれない「惜しみなき与え」に感謝して、本書を亡き母に捧げたい。

二〇一五年九月　亡父の誕生月に

出口　顯

参考文献

Adamson, Telma［2009（1934）］*Folk-Tales of the Coast Salish*, Bison Books

Andersson, Malinda［2012］Seeing through the White Gaze: Racialised Marking of (Un)familiar bodies in Swedish Transnational Adoption Policy, *Graduate Journal of Social Science* 9（1）

Bateson, Gregory［1972］*Double bind*、グレゴリー・ベイトソン、「ダブルバインド」『精神の生態学』、佐藤良明・訳、［二〇〇〇］、新思索社

Bogoras, Waldemar［1910］Chukchee Mythology, *Memoir of American Museum of Natural History vol.8*

Bowers, Alfred W.［2004（1950）］*Mandan Social and Ceremonial Organization*, Bison Books

Bowie, Fiona (ed.)［2004］*Cross-Cultural Approaches to Adoption*, Routledge

千葉華月［二〇一四］「スウェーデンにおける生殖医療と法的ルール」、甲斐克則・編、『生殖医療と医事法』、信山社

Christensen, Inger［1999］Is Blood Thicker than Water?, in Rygvold, A-L., Dalen, M., and B. Saetersdal(eds.) *Mine-Yours-Ours and Theirs: Adoption, Changing Kinship and Family Patterns Department of Special Education*, University of Oslo

Clement, Catherine［2010］*Claude Lévi-Strauss*、カトリーヌ・クレマン、『レヴィ＝ストロース』、塚本昌則・訳、［二〇一四］、白水社（クセジュ文庫）

De Grave, Katrien［2010］The Limits of Intimate Citizenship: Reproduction of difference in Flemish-Ethiopian 'Adoption Cultures', *Bioethics* 24(7)

出口顯［二〇〇三］『レヴィ＝ストロース斜め読み』、青弓社

出口顯［二〇〇七］「国際養子縁組におけるアイデンティティの問題――スウェーデンの場合」、菅原和孝・編、『身体資源の共有　資源人類学9』、弘文堂

出口顯［二〇一一］「養父母になった国際養子たち」、『国立歴史民俗博物館研究報告』
出口顯［二〇一一］『神話論理の思想　レヴィ＝ストロースとその双子たち』、みすず書房
出口顯［二〇一二］『レヴィ＝ストロース　まなざしの構造主義』、河出書房新社（河出ブックス）
Descola, Philippe［2013］*Beyond Nature and Culture*, University of Chicago Press
Durkheim, Émile［1895］*Les regles de la methode sociologique*、エミール・デュルケム、『社会学的方法の基準』、宮島喬・訳、［一九七八］、岩波書店（岩波文庫）
Durkheim, Émile［1912］*Les formes élémentaires de la vie religieuse*、エミール・デュルケーム、『宗教生活の基本形態 上下』、山﨑亮・訳、［二〇一四］、筑摩書房（ちくま学芸文庫）
Evans-Pritchard, E. E.［1956］*Nuer Religion*、E・E・エヴァンズ＝プリチャード、『ヌアー族の宗教 上』、向井元子・訳、［一九九五］、平凡社（平凡社ライブラリー）
Foucault, Michel［1966］*Les mots et les choses*、ミシェル・フーコー、『言葉と物』、佐々木明、渡辺一民・訳、［一九七四］、新潮社
Foucault, Michel［2012］*Du gouvernement des vivants : cours au Collège de France, 1979-1980*、ミシェル・フーコー、『生者たちの統治：ミシェル・フーコー講義集成９』、廣瀬浩司・訳、［二〇一五］、筑摩書房
Foucault, Michel［2012］*Mal faire, dire vrai: fonction de l'aveu en justice: Cours de Louvain, 1981*、ミシェル・フーコー、『悪をなし真実を言う：ルーヴァン講義１９８１』、市田良彦・監訳、［二〇一五］、河出書房新社
Freud, Sigmund［1913］Totem und Tabu、ジグムント・フロイト、「トーテムとタブー」、門脇健・訳、『フロイト全集12』、［二〇〇九］、岩波書店
Gaffin, Dennis［1996］*In Place: Spatial and Social Order in a Faeroe Islands Communtity*, Waveland Press
Gottlieb, C., Lalos, O., and F. Lindblad［2000］Disclosure of Donor Insemination to the Child: The Impact of Swedish Legisla-

tion on Couples, Attitudes, *Human Reproduction* 15(9)

Gullestad, Marianne［2006］*Plausible Prejudice: Everyday Experiences and Social Images of Nation, Culture and Race*, Universitetforlaget

Haeberlin, Hermann［1924］Mythology of Puget Sound, *Journal of American Folklore* vol. 37

菱木昭八朗［一九八四］「ＡＩＤ人工授精子の父性確定の問題について」、『専修法学論集』四〇

菱木昭八朗［一九八五］「スウェーデン人工授精法と改正親子法における人工授精子の父性」、『ジュリスト』八三五

Hobsbawm, Eric and Terence Ranger (eds.)［1983］The Invention of Tradition, Cambridge University Press

保苅瑞穂［二〇一〇］『プルースト　読書の喜び』、筑摩書房

Howell, Signe［2002］Community beyond Place: Adoptive Families in Norway, in Amidt, V. (ed.) *Realising Community*, Routledge

Howell, Signe［2006］*The Kinning of Foreigners: Transnational Adoption in a Global Perspective*, Berghahn

Hübinette, Tobias［2004］'Adopted Koreans and the Development of Identity in the "Third Space"', *Adoptions and Fostering* 28(1)

Hübinette, Tobias［2012］'Words that Wound': Swedish Whiteness and Its Inability to Accommodate Minority Experiences', Kristín Loftsdóttir & Lars Jensen (eds.) *Whiteness and Postcolonialism in the Nordic Region: Exceptionalism, Migrant Others and National Identities*, Ashgate

Hübinette, Tobias and Malinda Andersson［2012］'Between Colourblindess and Ethnicisation: Transnational Adoptees and Race in a Swedish Context', *Adoption and Fostering* 36（3-4）

Hübinette, Tobias and Carina Tigervall［2009］'To be Non-white in a Colour-Blind Society: Conversations with Adoptees and Adoptive Parents in Sweden on Everyday Racism', *Journal of Intercultural Studies* 30（4）

Hübinette, Tobias and Carina Tigervall〔2009〕'When Racism Becomes Individualised: Experiences of Racialisation among the Adult Adoptees and Adoptive Parents of Sweden', Suvi Keskinen, Salla Touri, Sari Irni & Diana Milinari (eds.) *Complying with Colonialism: Gender, Race and Ethnicity in the Nordic Region*, Ashgate

Ingold, Tim〔2000〕Totemism, Animism and the Depiction of Animals, in *The Perception of the Environment: Essays in Livelihood, Dwelling and Skill*, Routledge

Ingold, Tim〔2015〕*The Life of Lines*, Routledge

Irhammar, Malin〔1999〕Meaning of Biological and Ethnic Origin in Adoptees Born Abroad, in Rygvold, A-L., Dalen, M., and B.Saetersdal(eds.) *Mine-Yours-Ours and Theirs: Adoption, Changing Kinship and Family Patterns*, Department of Special Education, University of Oslo

Isaksson, S., Sydsjö, G., Skoog Svanberg, A., and C. Lampic〔2012〕Disclosre Behavior and Intentions among 111 Couples following Treatment with Oocytes or Sperm From Identity-Release Donors: Follow Up at Offspring Age 1-4 Years, *Human Reproduction* 27(10)

石原理〔一九九八〕『生殖革命』、筑摩書房（ちくま新書）

石原理〔二〇一〇〕『生殖医療と家族のかたち：先進国スウェーデンの実践』、平凡社（平凡社新書）

Jacobson, Heather〔2008〕*Culture Keeping: White Mothers, International Adoption, and the Negotiation of Family Difference*, Vanderbilt University Press

Keck, Frédéric〔no dated〕*Lévi-Strauss and Bird Flu*、フレデリック・ケック、「レヴィ＝ストロースと鳥インフルエンザ――潜在的カタストロフィの構造人類学」、山崎吾郎・訳、『現代思想』三八（一）、〔二〇一〇〕、青土社

Kim, Eleana〔2007〕Remembering Loss: the Koreaness of Overseas Adopted Korean, in Bergquist, K. J. S., Vonk, M. E., Kim, D.S., Feit, M.D. (eds.) *International Korean Adoption: A fifty-Year History of Policy and Practice*, Routledge

Kim, Eleana〔2010〕*Adopted Territory: Transnational Korean Adoptees and the Politics of Belonging*, Duke University Press

Kupka, M. S., A.P. Ferraretti, J. de Mouzon, K. Erb, T. D, Hooghe, J.A. Castilla, C. Calhaz-Jorge, C. De Geyter, V. Goossens, and The European IVF-monitoring (EIM) Consortium〔2014〕Assited Reproductive Technology in Europe, 2010: Results Generated from European Registers by ESHRE, *Human Reproduction* 29 (10)

Leinaweaver, Jessaca〔2013〕*Adoptive Migration: Raising Latinos in Spain*, Duke University Press

Lévi-Strauss, Claude〔1955〕*Tristes tropiques*、クロード・レヴィ＝ストロース、『悲しき熱帯Ⅰ』、川田順造・訳、〔二〇〇一〕、中央公論社（中公クラシックス）

Lévi-Strauss, Claude〔1958〕Structure de mythe、クロード・レヴィ＝ストロース、「神話の構造」、『構造人類学』、田島節夫・訳、〔一九七二〕、みすず書房

Lévi-Strauss, Claued〔1962〕*Le totemisme aujourd'hui*、クロード・レヴィ＝ストロース、『今日のトーテミスム』、仲沢紀雄・訳、〔一九七〇〕、みすず書房

Lévi-Strauss, Claude〔1962〕*La pensée sauvage*、クロード・レヴィ＝ストロース、『野生の思考』、大橋保夫・訳、〔一九七六〕、みすず書房

Lévi-Strauss, Claude〔1963〕Résponses à quelque questions、クロード・レビ＝ストロース、「構造主義とは何か――レビ＝ストロースは答える」、伊東守男・訳、J・M・ドムナック・編、『構造主義とは何か』、〔一九六八〕、サイマル出版会

Lévi-Strauss, Claude〔1964〕*Le cru et le cuit: Mythologiques 1*、クロード・レヴィ＝ストロース、『生のものと火を通したもの　神話論理1』、早水洋太郎・訳、〔二〇〇六〕、みすず書房

Lévi-Strauss, Claude〔1968〕*L'Origine des manieres de table: Mythologiques 3*、クロード・レヴィ＝ストロース、『食卓作法の起源　神話論理Ⅲ』、渡辺公三、榎本譲、福田素子、小林真紀子・訳、〔二〇〇七〕、みすず書房

Lévi-Strauss, Claude［1971］*L'Homme nu: Mythologiques 4*、クロード・レヴィ＝ストロース、『裸の人1　神話論理Ⅳ−1』、吉田禎吾他・訳、［二〇〇八］、みすず書房

Lévi-Strauss, Claude［1971］*L'Homme nu: Mythologiques 4*、クロード・レヴィ＝ストロース、『裸の人2　神話論理Ⅳ−2』、［二〇一〇］、吉田禎吾他・訳、みすず書房

Lévi-Strauss, Claude［1979］L'organisation sociale des Kwakiutl, *La voie des masques*, Plon、［2008］、*Claude Lévi-Strauss Oeuvres*, Gallimardに再録

Lévi-Strauss, Claude［1983］Mythe et oubli、クロード・レヴィ＝ストロース、「神話と失念」、『はるかなる視線2』、三保元・訳、［一九八八］、みすず書房

Lévi-Strauss, Claude［1983］Pythagore en Amérique、クロード・レヴィ＝ストロース、「アメリカのピタゴラス」、『はるかなる視線2』、三保元・訳、［一九八八］、みすず書房

Lévi-Strauss, Claude, Didier, Eribon［1988］*De près et de loin*、クロード・レヴィ＝ストロース、ディディエ・エリボン、『遠近の回想　増補新版』、竹内信夫・訳、［二〇〇八］、みすず書房

Lévi-Strauss, Claude［1988］*L'anthropolgie face aux problémes du monde modern*、クロード・レヴィ＝ストロース、『レヴィ＝ストロース講義　現代世界と人類学』、川田順造、渡辺公三・訳、［二〇〇五］、平凡社（平凡社ライブラリー）

Lévi-Strauss, Claude［2004］1963-2003: L'anthroplogue face à la philosohpie、クロード・レヴィ＝ストロース、「一九六三―二〇〇三年、哲学に面した人類学」聞き手マルセル・エナフ、合田正人・訳、『みすず』五二〇、［二〇〇四］、みすず書房

Lévi-Strauss, Claude［2011］*L'autre face de la lune: écrits sur le Japon, Seul*、クロード・レヴィ＝ストロース、『月の裏側　日本文化への視角』、川田順造・訳、［二〇一四］、中央公論新社

Lindblad, F., Hjern, A., Vinnerljung, B.［2002］Suicide, Psychiatric Illness, and Social Maladjustment Intercountry Adoptees in

Sweden: a Cohort Study, *The Lancet* 360
前納有紀子［二〇〇五］「スウェーデン社会における国際養子縁組の発展」、中央大学総合政策学部卒業論文
Malinowski, Bronislaw［1948］*Magic, Science and Religion and Other Essays*, A Condor Book
増澤知子［二〇一五］『世界宗教の発明　ヨーロッパ普遍主義と多元主義の言説』、秋山淑子、中村圭志・訳、みすず書房
Mauss, Marcel［1924］Essai sur le don、マルセル・モース、『贈与論』、森山工・訳、［二〇一四］、岩波書店（岩波文庫）
Melhuus, Marit［2011］Cyber-Stork Children and the Norwegian Biotechnology Act: Regulating Procreative Practice---Law and its Effects, Hellum, Anne, Ali, Shaheeb, S. , Griffiths, Anne (eds) *From Transnational Relations to Transnational Laws: Northern European Laws at the Cross- roads*, Ashgate
宮川淳［一九七四］『紙片と眼差しのあいだに』、小沢書店
中村啓信・訳注［二〇〇九］『新版　古事記』、角川書店（角川ソフィア文庫）
NIA (The Swedish national Board for Intercountry Adoptions)［1998］*Adoptions in Sweden: Policy and Procedures concerning Intercountry Adoptions*、NIA
小田亮［一九九四］『構造人類学のフィールド』、世界思想社
小田亮［二〇〇一］『レヴィ＝ストロース入門』、筑摩書房（ちくま新書）
Prébin, Elise［2013］*Meeting Once More: The Korean Side of Transnational Adoption*, New York University Press
Proust, Valentin Louis Georges Eugène Marcel［1919］*À l'ombre des jeunes filles en fleurs:A la recherche du temps perdu*、マルセル・プルースト、『失われた時を求めて４　花咲く乙女たちのかげに　Ⅱ』、吉川一義・訳、［二〇一二］、岩波書店（岩波文庫）
Radcliffe-Brown, Alfred Reginald［1952］*Structure and Function in Primitive Society*、A・R・ラドクリフ＝ブラウン、

『未開社会の構造と機能』、青柳真智子・訳、〔一九七五〕、新泉社
Rose, Nikolas〔1988〕*Inventing Our Selves*, Cambridge University Press
Sahlins, Marshall David〔1974〕*Stone Age Economics*、マーシャル・サーリンズ、『石器時代の経済学』、山内昶・訳、〔一九八四〕、法政大学出版局
Sartre, Jean-Paul Charles Aymard〔1960〕*Critique de la raison dialectique*、ジャン＝ポール・サルトル、『弁証法的理性批判（一）』、竹内芳郎、平井啓之・訳、〔一九六二〕、人文書院
Schneider, David M.〔1980〕*American Kinship: A Cultural Account* (2nd. Edition), University of Chicago Press
Seligmann, Linda J.〔2013〕*Broken Links, Enduring Ties: American Adoption across Race, Class, and Nation*, Stanford University Press
Sophoklēs、ソポクレス、「オイディプス王」、高津春繁・訳、『ギリシア悲劇Ⅱソポクレス』、〔一九八六〕、筑摩書房（ちくま文庫）
Strehlow, T. G. H.〔1947〕*Aranda Traditions*, Melbourne University Press
高倉正樹〔二〇〇六〕『赤ちゃんの値段』、講談社
Thompson, Stith〔1946〕*The Folktale*、スティス・トンプソン、『民間説話　理論と展開（下）』、荒木博之、石原綏代・訳、〔一九七七〕、社会思想社（現代教養文庫）
津上誠〔二〇一三〕「現代社会の『小さな「家」』」、小池誠、信田敏宏・編『生をつなぐ家』、風響社
Vernant, J.-P.〔1988〕Ambiguity and Reversal: On the Enigmatic Structure of Oedipus Rex, in Vernant, J.-P. and P. Vidal-Naquet, *Myth and Tragedy in Ancient Greece*, translated by Janet Lloyd, Zone Books
Vernant, J.-P.〔1988〕The Lame Tyrant: From Oedipus to Periander, in Vernant, J.-P. and P. Vidal-Naquet, *Myth and Tragedy in Ancient Greece*, translated by Janet Lloyd, Zone Books

Vernant, J.-P., Atsuhiko, Yoshida、J・P・ヴェルナン、吉田敦彦［一九七八］『プロメテウスとオイディプス——ギリシァ的人間観の構造』、みすず書房

Von Melen, Anna［2000］*Strength to Survive and Courage to Live*: 18 Adoptees on Adoption, NIA

渡辺公三［一九九六］『レヴィ＝ストロース　構造』、講談社

渡辺公三［二〇〇九］『闘うレヴィ＝ストロース』、平凡社（平凡社新書）

Watkins, Mary［2006］"Adoption and Identity", in K.Wegar (ed.) *Adoptive Families in a Diverse Society*, Rutgers University Press

Wegar, Katarina［2006］Introduction, in K.Wegar (ed.) *Adoptive Families in a Diverse Society*, Rutgers University Press

Willis, Roy［1987］Translator's Note, in Claude Lévi-Strauss *Anthropology and Myth: Lectures 1951-1982*, Basil Blackwell

Wissler, Clark［1907］Some Dakota Myths, *Journal of American Folklore* vol.20

Xinran［2011］*Message from an Unknown Chinese Mother*：*Stories of Love and Loss*、シンラン、『中国、引き裂かれる母娘——一人っ子政策中国の国際養子の現実』、佐藤美奈子・訳、［二〇一一］、明石書店

Yngvesson, Barbara［2000］"Un Niño de Cualquier Color": Race and Nation in Inter-country Adoption, in Jenson, J. and B. de Sousa Santos (eds.) *Globalizing Institutions: Case Studies in Regualtion and Innovation*, Ashgate

Yngvesson, Barbara［2010］*Belonging in an Adopted World*：*Race, Identity, and Transnational Adoption*, University of Chicago Press

芳川泰久［二〇一五］『謎解き「失われた時を求めて」』、新潮社（新潮選書）

吉岡政徳［一九七八］「名称・呼称・命名法」、『社会人類学年報』四

読書案内

レヴィ＝ストロースの二つの道にさらに深く迷い込むために……出口 顯

レヴィ＝ストロースは博学の人であり、文体にも凝る人である。彼の文章の背後には、多くの古典が控えている。また比喩として使うとはいえ、ラセミ体など化学用語が登場することも少なくない。だから彼の著作は、わかりやすいとはいえない。巨大な山脈のように連なるレヴィ＝ストロースの名を冠した本に取り組もうと思うなら、まずは、初来日講演集である『**構造・神話・労働**』（大橋保夫編訳、みすず書房、一九七九年）や、ジャーナリストのディディエ・エリボンに生涯と思想を自ら語った『**遠近の回想　増補新版**』からはじめるのがよいだろう。これら二著は、講演や対談など、「聞かれるために話したもの」であるだけに、レヴィ＝ストロースの全体像をつかむのに、わかりやすい。

『野生の思考』の二つの道のうち、「分類・親族」については、レヴィ＝ストロースの最初の著作『**親族の基本構造**』（福井和美訳、青弓社、二〇〇〇年）が読まれなくてはならないが、これもいきなりは難しい。「家族」（『**はるかなる視線1**』〔三保元訳、みすず書房、一九八八年〕）「言語学と人類学における構造分析」（『**構造人類学**』）などでウォームアップするのがよいだろう。「家」を論じた「クワキウトル族の社会組織」の翻訳はまだない。仲川裕里「レヴィ＝ストロースの〈イエ〉（maison／house）概念の普遍的有効性について」（出口顯編著『**読解レヴィ＝ストロース**』青弓社、二〇一一年）や小池誠・信田敏宏『**生をつなぐ家**』などが参考になる。また関連するレヴィ＝ストロースの小論「おちこちに読む」（『はるかなる視線1』）は、『源氏物語』を分析している。

もう一つの道「神話」については、やはり主著『**神話論理**』（全四巻、日本語訳では全五巻、みすず書房、二〇〇六―二〇一〇年）が読まれなくてはならないが、いずれも大部で、読み通すには相当の覚悟と時間がいる。こちらもまずは、『神話論理』完成（一九七一年）後に行われた、カナダのラジオ講演をもとにした『**神話と意味**』（大橋保夫訳、みすず書房、一九九六年）からはじめるのがよいだろう。また『神話論理』以後の「小神話論理」と称される三冊うちの一冊『**仮面の道**』（山口昌男・渡辺守章訳、新潮社、一九七七年、原著一九七九年版の第一部）は、仮面の造形の分析で、写真も豊富にありわかりやすい。「小神話論理」で邦訳のあるもう一冊『**やきもち焼きの土器つくり**』（渡辺公三訳、みすず書房、一九九〇年）は、むしろ『神話論理』を読破したあとに読む方が、その面白さが理解できる。

本書では文学面を除くと扱わなかったが、『野生の思考』で取り上げられる芸術について、レヴィ＝ストロースは最後の著作『**みる　きく　よむ**』（竹内信夫訳、みすず書房、二〇〇五年）で自由闊達に論じている。音楽や絵画にも造詣が深く、レヴィ＝ストロースが鋭い感性をもっていることがわかる。

出口 顯（でぐち・あきら）
1957年生まれ。筑波大学比較文化学類卒。東京都立大学大学院社会科学研究科博士課程中途退学。島根大学法文学部助手、助教授を経て、現在島根大学法文学部教授、島根大学副学長。
著書に『名前のアルケオロジー』（1995年、紀伊國屋書店）、『誕生のジェネオロジー　人工生殖と自然らしさ』（1999年、世界思想社）、『臓器は「商品」か　移植される心』（2001年、講談社現代新書）、『レヴィ＝ストロース斜め読み』（2003年、青弓社）、『神話論理の思想　レヴィ＝ストロースとその双子たち』（2011年、みすず書房）、『レヴィ＝ストロース　まなざしの構造主義』（2012年、河出ブックス）、『ほんとうの構造主義　言語・権力・主体』（2013年、NHKブックス）。編著に『人類学的比較再考』（2010年、三尾稔と共編著、国立民族学博物館）、『読解レヴィ＝ストロース』（2011年、青弓社）などがある。

いま読む！名著
国際養子《こくさいようし》たちの彷徨《さまよ》うアイデンティティ
レヴィ＝ストロース『野生の思考』を読み直す

2015年11月30日　第1版第1刷発行

著者　出口 顯
編集　中西豪士
発行者　菊地泰博
発行所　株式会社現代書館
〒102-0072 東京都千代田区飯田橋3-2-5
電話 03-3221-1321　FAX 03-3262-5906　振替 00120-3-83725
http://www.gendaishokan.co.jp/
印刷所　平河工業社（本文）　東光印刷所（カバー・表紙・帯・別丁扉）
製本所　積信堂
ブックデザイン・組版　伊藤滋章
校正協力：高梨恵一

ISBN978-4-7684-1007-3